SEBASTIAN STRÖBEL
HERIBERT EISL

MIT KATHRIN THOMA

DIE BERGRETTER

Meine Erfahrungen bei den Dreharbeiten und was ich von den echten Bergrettern lernte

Dieses überwältigende Bergpanorama bietet sich dem Wanderer, wenn er am Gosausee unterwegs ist und zum Dachsteingebirge hochblickt.

INHALT

Schon beim bloßen Anblick steigt der Adrenalinspiegel: Die 100 Meter lange Hängebrücke, für die insgesamt 63 Tonnen Stahl verbaut wurden, verspricht atemberaubende Ausblicke und … gehörigen Nervenkitzel.

Der Gosausee im Salzkammergut liegt dem Dachstein zu Füßen und bietet einen Traumblick auf das majestätische Massiv. Der hintere Abschnitt des Gebirgssees gehört bereits zum Naturschutzgebiet Dachstein.

Gosaukamm im Dachsteingebirge: eine gigantische Spielwiese für Bergsteiger, Kletterer, Wanderer, Tourengänger oder Tagesausflügler. Unterwegs bieten sich Naturfreunden herrliche Gipfelblicke, wie hier auf Große Bischofsmütze (li.) und Armkarwand (re.).

Es gibt im Leben eines Bergretters immer wieder Situationen, wo er bis an seine Grenzen gehen muss, um zu einem Absturzort zu gelangen und einen Verunglückten bergen zu können.

HOOK 1
HOOK 2

Bergrettung ist immer ein Wettlauf gegen die Zeit. Kaum hat der Heli am Boden aufgesetzt, springen Markus, Simon und Notärztin Katharina aus dem Hubschrauber. Auf dem Weg zur Unglücksstelle zählt jede Minute.

Man kann es Markus und Katharina ansehen, dass sie mehr verbindet als nur die Liebe zum Berg und zum Beruf.

C 98

Um einen Verletzten bergen zu können, muss Bergretter Markus Kofler oft ungewöhnliche Wege nehmen. Hier versucht er einen – eigentlich gesperrten – Klettersteig zu bewältigen, um an die unwegsame Stelle zu gelangen, wo der Verunglückte liegt.

MEIN LEBEN ALS BERG-RETTER

Kurze Drehpause, kein Einsatz: Wenn alle Konzentration und Anspannung von ihm abfallen, zeigt Markus alias Sebastian gern auch mal seine private »sonnige« Seite.

DIE BERGE: HÖHENFLUG UND HÖLLENRITT

Seit seinem Einstieg bei der ZDF-Serie »Die Bergretter« verbringt Sebastian Ströbel alias Markus Kofler viele Monate im Jahr in den Bergen. Für ihn sind sie ein absoluter <u>Sehnsuchtsort</u>.

Ich habe in meiner Kindheit eine Zeit lang in Ravensburg gewohnt. Es war nicht weit bis in die Allgäuer Alpen, im Winter gingen wir Skifahren, im Sommer oft wandern – was im Teenageralter für mich nicht unbedingt das Allercoolste war. Klettern hätte mir bestimmt besser gefallen, war damals in den 1980er-Jahren aber eher den Einheimischen vorbehalten. Trotzdem: Die gemeinsamen Bergtouren mit meinen Eltern haben Spuren hinterlassen, sie haben mich geprägt. Oft merkt man so etwas erst, wenn man erwachsen ist. Meine Eltern haben ihre Bergliebe an mich weitergegeben.

Als ich die Zusage für die Rolle des »Serienhelden« Markus Kofler bekam, musste ich mir sämtliches Kletterwissen und -können erst aneignen, was aber genau meinem Anspruch an mich und an meinen Beruf entspricht. Ich will mich mit meinen Rollen auseinandersetzen, mich voll darauf einlassen. Daher stand für mich von Anfang an fest, dass ich mich bei den Bergszenen nicht doubeln lassen werde, dass ich so viel wie möglich selbst machen will. Ich will eintauchen in die Welt der Bergretter. Bei ihnen schaue ich mir für die Person des Markus Kofler viel ab, mache dann aber mein Eigenes daraus. Für mich ist es nicht entscheidend, eins zu eins zu erzählen, wie die Bergrettung funktioniert. Zwei Menschen über dem Felsabgrund hängend im Arm zu halten und hochzuziehen, ist keinem Bergretter im echten Leben vergönnt. Aber wie genial ist es, dass ich das im Film machen kann und darf! Gleichzeitig durfte ich in den letzten zehn Jahren so viel über die wirkliche Berg- und Flugrettung lernen, es ist fast wie eine Ausbildung. Ich kann überall reinschnuppern, und das ist extrem spannend. Müsste ich bei einem echten Rettungseinsatz assistieren, könnte ich das, und dieses Wissen gibt der Rolle ihre Authentizität. Ich würde allen Menschen eine regelmäßige Auffrischung ihrer Erste-Hilfe-Kenntnisse empfehlen. Nicht nur bei

SEBASTIAN STRÖBEL,
SCHAUSPIELER

Geburtsort, Wohnort: Karlsruhe, Hamburg

Ausbildung, Beruf: Schauspiel-Hochschule Mozarteum/Salzburg

Familienstand: verheiratet, vier Töchter

Mein aufregendstes Bergabenteuer: die Überquerung des Alpenhauptkamms

Welchen Berg möchte ich unbedingt besteigen? den Großglockner mit Heri

Mein Lebensmotto: Ein Lebensmotto habe ich nicht. Vielmehr vertraue ich auf meine Gefühle. Das ist fast wie ein Lebensmotto und funktioniert auch.

Mein schönster Sonnenaufgang: auf dem Dachstein

Bergretter sind …: ein Lebensgefühl

Bergunfällen zählt manchmal jede Minute! Und oft muss man nicht mal viel machen, um Leben zu retten, schon eine stabile Seitenlage kann entscheidend sein.

Unser gesamtes Team geht beim Dreh für »Die Bergretter« an seine Grenzen. Wir drehen zu etwa 75 Prozent im Freien, was in der Fernsehlandschaft einzigartig ist und seinen Tribut fordert. Wir sind ständig Wind und Wetter, Schnee, Regen und Höhensonne ausgesetzt. Wir frieren zusammen, wir schwitzen zusammen, wir schleppen alles zusammen hoch. Dieser körperliche Aspekt, kombiniert mit der Konzentration, mit den Gefahren am Berg – wir müssen immer wach sein, immer aufeinander achten –, macht die Fernsehserie »Die Bergretter« zu etwas Außergewöhnlichem. Wir bieten eine authentische Melange aus Traumfabrik, archaischer Landschaft und Heimatgefühl, im positivsten Sinne. Wir können in den Genres switchen: Drama, Krimi, Action, Abenteuer.

Diese Vielfalt ist ein unglaubliches, nicht enden wollendes Pfund. »Die Bergretter« sind wie ein warmer Rückzugsort voller Ehrlichkeit. Bei uns passieren schöne und schlimme Dinge. Es gibt Dramen, Menschen verlieren sich und finden sich wieder. Bei uns wird geweint und gelacht, geliebt und gestritten, geheiratet, gestorben – wir sind das Leben. Und wir sind eines der letzten

Die glorreichen Sechs: Markus Kofler in der Mitte, neben ihm (re.) Film-Pilot Michi und Techniker Rudi. Zur Linken von Markus steht Notärztin Katharina, gefolgt von Simon (verstärkte das »Bergretter«-Team von 2019 bis 2023) und Tobi.

Programme, das für die ganze Familie da ist. Von kleinen Kindern bis zu den Großeltern, auf »Die Bergretter« können sich alle einigen.

Auch wenn nicht jedem immer alles gefällt. Aber die meisten Unfälle beim Klettern und Bergsteigen passieren tatsächlich beim Stolpern, beim Runtergehen, weil die Leute sich übernehmen oder abgelenkt sind, weil sie sich und die Natur falsch einschätzen …, und mit diesen Themen spielen wir. Man kann sie immer wieder auf die Spitze treiben und in verschiedene Richtungen. Unser Zuschauer weiß, was er bekommt – aber nicht, was ihn erwartet.

Es wurden schon viele Bergfilmformate probiert, aber es gibt wenige Formate, die so gewachsen sind wie »Die Bergretter«. Wir erzählen dem Publikum nicht einfach irgendwas. Bergretter gibt es wirklich. Diese Eliteeinheit, diese Menschen, die aus ganz selbstlosen Motiven handeln. Egal, ob Tag oder Nacht, sie eilen los, um anderen zu helfen. Solange man selbst keine Hilfe braucht, sei es im Tal oder am Berg, nimmt man gar nicht wahr, was Rettungsdienste alles leisten, vom Roten Kreuz über die Freiwillige Feuerwehr bis hin zur Bergrettung. Mir war anfangs nicht klar, dass Bergretter ehrenamtlich tätig sind. Es ist einfach unglaublich, was die Männer und Frauen einbringen, an Zeit und an Selbstlosigkeit. Ihre Loyalität und ihr Zusammenhalt beeindrucken mich. Wir können der »echten« Bergrettung durch die TV-Bergretter viel positive Aufmerksamkeit geben und ein Bewusstsein dafür schaffen, welche Werte am Berg gelten. Und dass wir diese einzigartige Natur unbedingt bewahren müssen.

Sicherheit hat bei den Dreharbeiten absolute Priorität, sowohl in der Ramsau als auch beim Winterdreh im Kaunertal. Deswegen ist die Bergrettung immer vor Ort und sichert alles und jeden ab. Wir sind längst ein eingespieltes Team. Von der ersten Stunde und somit länger dabei als ich ist Heribert Eisl. Gemeinsam mit ihm darf ich dieses Buch schreiben. Er ist der echte Bergretter aus Ramsau am Dachstein, war dort Ortsstellenleiter und Flugretter. Heri Eisl hat unzähligen Menschen in alpinen Notlagen das Leben retten können. Kaum ein Bergretter im Bundesland Steiermark hat mehr Einsatzerfahrung als er.

WAS ICH AN HERI SCHÄTZE

Als ich Heri das erste Mal traf, hat er mich auf einen Klettersteig mitgenommen. Ich hatte das noch nie zuvor gemacht und wollte mich natürlich nicht blamieren. Was mir an Heri sofort aufgefallen ist, ist seine unglaubliche Ruhe. Jeder Schritt, den er macht, ist wie eine Philosophie. Man merkt, er hat was zu erzählen, ohne was erzählen zu müssen. So wie Heri stellt man sich einen Bergführer vor, dem man vertrauen kann. Heri bewahrt immer die Übersicht, er ist nie hektisch. Wo Markus Kofler im Film Action und Power machen muss, hat man bei Heri das Gefühl, sobald ein Notruf reinkommt, geht sein ohnehin schon ruhiger Puls noch weiter nach unten. Diese Coolness, die habe ich mir für meine Rolle abgeschaut, aber auch die Empathie, die Wärme und dieses immer am Menschen interessiert zu sein. Heri ist ein absolutes Vorbild, auch was seine Professionalität betrifft und die Kunst, ein Team zu leiten. In Situationen, in denen es um Leben und Tod geht, übernimmt er die Verantwortung, nicht nur für den Verunglückten, sondern auch dafür, dass seine Leute wieder gesund und lebend vom Einsatz zurückkommen.

Ich hätte es nicht geglaubt. Wenn mir jemand vor 16 Jahren gesagt hätte, dass »Die Bergretter« eine der erfolgreichsten Familien- und Actionserien im ZDF werden und dass sie mein Leben mal dermaßen beeinflussen würden, ich hätte den Kopf geschüttelt. Ich kann mich noch erinnern, als es damals hieß, eine Fernsehserie sei geplant, in der es um Bergrettung gehen und die vielleicht bei uns in Ramsau am Dachstein spielen soll. Ich habe dem wenig Bedeutung beigemessen, als Obmann der Bergrettung

Ramsau aber natürlich unsere Unterstützung zugesagt. Und ich konnte bei der Suche nach einem leer stehenden Bauernhof als Drehort helfen: Unserem Nachbarn gehört der Pernerhof – Hof Emilie im Film –, gut erhalten, aber nicht bewohnt. Die Filmverantwortlichen haben ihn sich damals angeschaut – und dann einige Wochen nichts mehr von sich hören lassen. Ich hatte das Ganze schon fast vergessen. Bis die Planungen doch sehr konkret weitergingen und zusätzlich nach einem Hubschrauber gefragt wurde. Während eines Treffens mit dem Tourismusverband und der Produktionsleitung von der ndF (neue deutsche Filmgesellschaft) habe ich direkt unseren obersten Flugbetriebsleiter beim ÖAMTC angerufen und ihm von dem Projekt erzählt. Er konnte sich spontan vorstellen, dass die Flugrettung ebenfalls mitwirkt. Bei einem dieser ersten Treffen habe ich auch gefragt, wie lange die Dreharbeiten denn überhaupt dauern sollen. Einen Sommer oder länger? Der Produktionsleiter sagte: »Kommt auf die Einschaltquote an. Wenn es gut läuft, können es auch drei oder vier Jahre werden. Wie beim ›Bergdoktor‹«. Nach einigen Staffeln scherzte ich mit Aufnahmeleiter Herbert Ruf, dass wir wahrscheinlich mit den »Bergrettern« in Rente gehen werden. Und jetzt ist es genauso gekommen, ich habe in diesem Jahr die Bergrettungsleitung der Ortsstelle Ramsau abgegeben und auch meine Tätigkeit als Flugretter. Aber meine Aufgaben bei

HERIBERT EISL, BERGFÜHRER, FLUGRETTUNGSSANITÄTER, GASTWIRT

Geburtsort, Wohnort: Radstadt, Ramsau am Dachstein

Familienstand: verheiratet, drei Söhne, eine Tochter

Mein aufregendstes Bergabenteuer: die Durchsteigung der Eiger-Nordwand (1985)

Welcher Berg fehlt mir noch? Ich war schon auf vielen Bergen, aber das Matterhorn fehlt mir noch.

Mein schönster Sonnenaufgang: am Dachsteingletscher

Mein Lebensmotto: Es sollte nie langweilig werden …

Bergretter sind …: Menschen, auf die man sich verlassen kann

Zwei, die sich schätzen, mögen und hundertprozentig aufeinander verlassen können: der reale Bergretter Heri Eisl (li.) und der Schauspieler Sebastian Ströbel, Darsteller des fiktiven Bergretters Markus Kofler. ▷

den »Bergretter«-Dreharbeiten werde ich weitermachen. Ich hoffe noch eine ganze Zeit lang.

Wir bekommen die Drehbücher immer vorab zugeschickt. Ganz am Anfang habe ich noch Vorschläge gemacht, und der erste Regisseur sagte: »Okay, wir machen das so, wie ihr das auch im richtigen Einsatz machen würdet.« Nach der dritten Folge meinte er: »Aber das ist ja immer das Gleiche.« Stimmt, genauso ist es. Die Bergrettung hat festgesetzte Standards, die wir immer wieder exakt gleich anwenden. Abspulen könnte man auch sagen. Das zeichnet unsere Arbeit aus. Fürs Fernsehen gelten ganz andere Regeln, da geht es um Spannung, Action, Unterhaltung. Natürlich schüttle ich als Bergretter manchmal den Kopf, wenn ich ein neues Drehbuch lese. Vieles entspricht nicht unserer Realität. Wenn sich jemand eine Felswand runterstürzt, springt sicher kein Bergretter mit einem Fallschirm hinterher.

Aber die Episoden kommen beim Publikum an, das Rezept funktioniert. Wenn es über 15 Jahre lang gelingt, die Zuschauerinnen und Zuschauer bei der Stange zu halten, brauchen wir von der Bergrettung nicht mit unseren Weisheiten daherkommen. Unsere Aufgabe besteht in allererster Linie darin, die Dreharbeiten für alle sicher zu gestalten, nicht nach dem Sinn zu fragen. Wir greifen nur dann in die Geschichten ein, wenn eine Szene aus dem Drehbuch nicht gefahrlos umzusetzen wäre. Wichtig ist, dass die Schauspieler uns vertrauen. Man kann sagen: Sie vertrauen uns ihr Leben an.

In den ersten Jahren haben wir von anderen Bergretter-Kollegen durchaus einiges an Kritik einstecken müssen. Das ist aber irgendwann in Neid umgeschlagen. Die Zuschauer wissen, dass »Die Bergretter« keine Dokumentation ist, und ich bewundere die Drehbuchautoren dafür, dass sie immer wieder spannende Episoden erfinden. Und dabei sind sie dennoch am Puls der Zeit: Die Gletscherschmelze wird aufgegriffen, rücksichtslose Bebauung von sensiblen Bergregionen, Folgen von Umweltverschmutzung, alles wirklich wichtige und aktuelle Themen. Ich würde mittlerweile sogar sagen, dass wir näher an der Wirklichkeit dran sind als viele andere Fernsehfilme, von den Bergunfällen hat es in der Serie noch nichts gegeben, das wir nicht in einer ähnlichen Form auch schon erlebt haben: Es verstaucht sich jemand den Fuß, stürzt ab, verirrt sich, fällt in eine Gletscherspalte, gerät in eine Lawine. Nur für Autos, die über eine Klippe fallen, ist erstmal die Feuerwehr zuständig.

WAS ICH AN SEBASTIAN SCHÄTZE

Als vor über zehn Jahren bekannt wurde, dass Martin Gruber als Hauptdarsteller bei »Die Bergretter« aussteigen wird, war ich überzeugt, dass

es dann im nächsten Jahr wohl keine Serie mehr geben wird. Ich habe bei Martin schon immer gesagt, der braucht das nicht spielen, der ist der Bergretter Andreas Marthaler. Vom Charakter her war Martin Gruber ähnlich wie Sebastian Ströbel: nett, hilfsbereit, freundlich. Und dann hieß es, doch, doch, es geht weiter, und es gibt sogar schon einen Nachfolger, der kommt jetzt dann mal, und ob ich mit ihm klettern gehen könnte. Also habe ich Sebastian auf einen Klettersteig in die Silberkarklamm mitgenommen. Sebastian war absolut nicht bergsteigertypisch angezogen, so wie wir es hier üblicherweise sind, aber nach der Tour wusste ich: Ja, das funktioniert. Nicht nur, weil er sich körperlich und technisch gut angestellt hat, man unterhält sich ja beim Bergsteigen und erfährt, wer der andere ist. Was ich an Sebastian schätze? Alles.

Sebastian ist der Größte, er klettert professionell – und wahrscheinlich besser als ich – und spielt fast alles selbst. Und wenn er mal was nicht kann, dann lernt er es. Für ihn brauchen wir so gut wie nie ein Double außer bei einigen Flugaufnahmen, die er aus Sicherheitsgründen nicht selbst drehen darf. Außerdem ist Sebastian ein super Schauspieler. Ich könnte mir keinen Besseren für die Rolle vorstellen, und das hatte ich ja bei Martin Gruber schon gedacht. Sebastian toppt das nochmal, einfach, weil er inzwischen sehr viel länger dabei ist. Auch er muss den Bergretter nicht spielen, er lebt die Rolle, er ist Bergretter, und ich würde ihn sofort bei uns aufnehmen. Sebastian ist mehr in den Bergen unterwegs und hat mehr Einsätze mitgemacht als viele unserer Mitglieder. Sebastian ist mir in all den Jahren ein wertvoller Freund geworden.

»Sebastian ist mir in all den Jahren ein wertvoller Freund geworden.«

Generell bewundere ich all unsere Schauspieler, auch die, die nur für eine Episode dazukommen. Ich sage immer zu meinen Bergretter-Kollegen: Für uns ist das Klettern und Sichern unsere Hauptaufgabe, aber die Aufgabe der Schauspieler ist das Spielen. Wo wir uns keine drei Sätze merken könnten, hängen die dabei auch noch meterhoch in der Wand. Schauspielerei muss man im Blut haben. Ich staune immer, wie Schauspieler den ganzen Tag immer wieder die gleichen Szenen wiederholen, nur eine Nuance anders. Vor ein paar Jahren hat Helmfried von Lüttichau in einer Folge mitgespielt. Er sagte gleich, dass er mit den Bergen überhaupt nichts am Hut hat, also habe ich mit ihm ein Klettertraining absolviert, und er hat die Rolle als verwitweter Bergretter, der einer Geologin helfen soll,

Unverkennbar, dass sich Heri und Sebastian auch abseits der Dreharbeiten gut verstehen, sich etwas zu sagen haben und miteinander lachen können.

Messpunkte in einer Felswand zu installieren, sehr überzeugend dargestellt. Mittlerweile hat es sich so eingespielt, dass wir so ein Training mit allen Episodenschauspielern machen, und zwar nicht am Tag vor den Dreharbeiten, sondern einige Tage vorher, damit ihnen Zeit bleibt, das Erlernte auch zu verarbeiten. Schließlich hängen die Schauspieler für ihre Szene meist tatsächlich in der Wand und müssen wirklich klettern können. Das kann man nicht heute Nachmittag probieren und morgen spielen. Durch die Trainings lerne ich außerdem jeden von ihnen gut kennen und kann besser beurteilen, ob wir die Einstellungen wie geplant drehen können, oder ob wir etwas ändern müssen, weil es klettertechnisch einfach nicht machbar ist. Was schön ist zu sehen: Alle sind bergaffin, alle lassen sich auf das Abenteuer Berg ein, alle vertrauen uns.

Große Ereignisse werfen ihre Schatten voraus … Große, oftmals dramatische Ereignisse am Berg sind es auch, die in der TV-Serie »Die Bergretter« erzählt und gezeigt werden.

ZWISCHEN FIKTION UND WIRKLICHKEIT

Filmszene aus Staffel 15, Folge »Unter Verdacht«: Markus gelingt es, den abgestürzten und orientierungslosen Bergführer Max Horvath in letzter Sekunde zu packen und nach oben zu ziehen, wo Notarztteam und Heli schon warten.

IMMER ÜBER DEM ABGRUND: UNSER SOMMERDREH

An keinem anderen Ort spürt man die Kraft der Natur stärker als in den Alpen. Und kein anderer Ort fordert mehr heraus. Berge sind wunderschön – und genauso gefährlich.

2023 sind allein in Österreich 286 Menschen in den Bergen tödlich verunglückt. Oft sind Touren falsch geplant, man überschätzt sich, das Wetter kippt. Schnell kann aus einer harmlosen eine lebensgefährliche Situation werden. Das ist der Stoff, aus dem »Die Bergretter« sind, das sind die Geschichten, die wir erzählen.

SZENE

UNTER VERDACHT

Ein Mann hängt in der Wand, völlig ungesichert. Sein einziger Halt: eine kleine Felsnarbe. Mit nur einer Hand klammert er sich fest. Als seine Freundin sich zu ihm abseilt und ihn packen will, reißt der Sicherungshaken aus der Wand. Der Mann rutscht weiter hinab. Markus Kofler eilt zu Hilfe. Buchstäblich in letzter Sekunde erreicht er am Seil gesichert und seitlich über die Felsen rennend den Abstürzenden – und fängt ihn auf. Gerettet!

(Staffel 15, Folge 01)

Diese Szene wurde am Stoderzinken (2048 m) gedreht, der Berg ist so etwas wie unser Felsenstudio. In seiner steilen Südflanke befindet sich das berühmte Friedenskircherl. Über die ganzjährig geöffnete Mautstraße können wir am gut erschlossenen Stoderzinken mit unseren Fahrzeugen und Lkw auf fast 2000 Meter hinauffahren und müssen unser Material nur noch wenige Hundert Meter bis zum jeweiligen Drehort schleppen. An dem Bergmassiv gibt es viele verschieden ausgerichtete Felswände, die zu Fuß schnell und leicht erreichbar sind, bei denen man aber trotzdem noch Höhenmeter unterm Hintern hat, denn die brauchen wir für aufregende Filmaufnahmen. Entscheidend ist, dass die Kameras aus verschiedenen Positionen agieren können: von oben, unten, von der Seite, aus der Entfernung oder nah dran. In einer großen, steilen Felswand wie beispielsweise der 850 Meter hohen Dachstein Südwand wäre das nahezu unmöglich. Dort behelfen wir uns mit Drohnen und

Bergretter unter sich: Markus Kofler und sein langjähriger Kollege und Freund Tobi Herbrechter (dargestellt von Markus Brandl) bereiten sich auf einen neuen Einsatz vor.

dem Hubschrauber und konzentrieren uns auf die Totalaufnahme, das heißt die maximale Bildfläche mit allen Personen und der Landschaft. Für Nahaufnahmen beim Klettern kann es auch mal eine Felsnase neben dem Wanderweg sein.

»So etwas würden mir die Flugrettung und der ÖAMTC niemals erlauben!«

Bei dieser Szene am Stoderzinken wurde ich nicht gedoubelt. Es braucht etwas Übung, bis man halb hängend über eine Felswand laufen kann. Es sind genau die Herausforderungen, die ich an der Rolle liebe. Aber auch ich kann und darf nicht alles machen. In der Folge »Schamlos« in Staffel 14 springt Markus aus dem Hubschrauber in den See. So etwas würden mir die Flugrettung und der ÖAMTC niemals erlauben. Auch banalere Sachen wie mit der Hand eine Scheibe einschlagen, selbst wenn es nur Bruchglas ist, wäre für mich nicht drin. Sollte ich mich verletzen, wären die gesamten Dreharbeiten gefährdet. Viele Episodenschauspieler, die zu uns kommen, sind erstmal verwundert, dass wir tatsächlich so gut wie alles analog drehen. Man könnte heutzutage sehr viel mehr digital arbeiten. Dann würde man zum Beispiel nicht an einem echten Fel-

Der Rettungshubschrauber setzt zur Landung an. Markus und Katharina kümmern sich am Boden um die verletzte Person. Und wieder einmal zählt jede Sekunde …

sen drehen, sondern am Boden und einen tiefen Abgrund im Nachhinein mit visuellen Effekten einbauen. Bei uns wird das selten gemacht. Die meiste Zeit sind wir alpin unterwegs, und es kann passieren, dass man stundenlang im Gurt sitzt.

Ob bei Dreharbeiten im Wasser, beim Klettern oder auf dem Gletscher, wir sind immer gesichert und überprüfen diese Sicherungen ständig, bei uns und bei unserem Gegenüber. Partnercheck heißt das: Sitzen Helm und Klettergurt richtig? Sind alle Karabiner zu? Stimmen die Knoten? Die Abläufe und Handgriffe habe ich über die Jahre gelernt, auch wie ich mich ans Tau beim Heli einklinke. Ich rüttle dann und hebe den Daumen, das ist das Zeichen, dass es weitergehen kann. Natürlich kontrollieren Heri Eisl und sein Team vor Ort ebenfalls immer alles ganz akribisch.

In der Folge »Bruderliebe« zeigte sich Promi-Gast Heidi Klum auch in der Felswand von ihrer toughen und professionellen Seite.

NOTRUF, BERGUNG, ABTRANSPORT

Wenn bei der Bergrettung Ramsau ein Notruf eingeht, wird jedes Mitglied über Handy alarmiert, mit dem Zusatztext: »Bitte um Rückmeldung an den jeweiligen Einsatzleiter.« Wenn genügend Kräfte gemeldet sind, kommt die nächste Handymeldung, dass keine weiteren Helfer erforderlich sind. Bei Standardeinsätzen oder wenn wir im Winter zu Skiunfällen gerufen werden, reichen oft schon zwei oder drei Bergretter. Aber es gibt auch Unfälle, da brauchen wir deutlich mehr, vor allem wenn eine Unterstützung durch den Rettungshubschrauber nicht möglich ist. Ich erinnere mich an einen schweren Unfall in der berühmten Dachstein Südwand, das Gelände dort ließ eine direkte Bergung mit dem Heli nicht zu. Oft sind es auch Wetterbedingungen wie Nebel oder Gewitter, die eine Flugrettung verhindern. Also haben wir uns entschlossen, dass die Rettungsmannschaft zum Dachsteingipfel aufsteigt und von dort der Not-

> »Wir waren einer ständigen Steinschlaggefahr ausgesetzt.«

arzt und ich an einem Seil über 300 Meter zum Verletzten hinabgelassen werden. Wir haben den Mann dann an Ort und Stelle in der Wand hängend versorgt und uns mit ihm weitere 100 Meter abgeseilt. Ab dort stand der Helikopter zum Weitertransport zur Verfügung, es war damals noch ein Hubschrauber des Bundesheeres. Dieser Einsatz hat fast fünf Stunden gedauert, und die Bedingungen waren anspruchsvoll. Wir waren einer ständigen Steinschlaggefahr ausgesetzt.

SZENE

BRUDERLIEBE

Ein Motorrad mit zwei Personen fährt über eine schottrige, schmale Bergstraße. Nach einer Kurve liegen plötzlich riesige Steinbrocken auf der Fahrbahn. Der Fahrer versucht zu bremsen. Die Maschine gerät ins Straucheln und donnert gegen einen Holzzaun. Fahrzeug und beide Personen fliegen über den Zaun den dahinterliegenden Hang hinab in die Tiefe. Das Motorrad zerschellt. Der Fahrer kann sich auf einem Felsvorsprung retten, die Beifahrerin verfängt sich in einem maroden Fangzaun. Die morschen Haken drohen jeden Moment zu reißen. Markus Kofler nähert sich am Tau hängend und sichert die Frau aus der Luft. Er hält sie gerettet in seinen Armen, während der Zaun in den Abgrund schmettert.

(Staffel 15, Folge 02)

Wenn man am Tau hängt, kann man nicht viel falsch machen: Man ist der Schwerkraft ausgeliefert, das Gefühl ist unbeschreiblich. Diese Dreharbeiten liebe ich besonders. Der Pilot kann den Flugretter unter ihm nur im Spiegel sehen. Sie sind über Funk miteinander verbunden, jeder ist vom anderen abhängig. Keiner darf einen Fehler machen, weder der Pilot noch der Flugretter. Würde er zum Beispiel den Heli mit dem Tau an der Wand fixieren, und der Pilot ist nicht darauf vorbereitet und hätte nicht die entsprechende Schwebeposition, könnte das fatal ausgehen.

Wir haben diese Szene in einem Klettergarten, nicht weit entfernt von Ramsau gedreht. Dort gibt es eine etwa 25 Meter hohe Kletterwand, an der man solche Motive hervorragend nachstellen kann. Der Zaun wurde extra eingebaut, und für die Nahaufnahmen hing ich an einem Seil, der am Kran befestigt war. Für die Totalen, an denen man mich am Tau sieht, suchen wir uns Steilwände am Stoderzinken oder in der Dachstein Südwand. Die Folge »Bruderliebe« war für uns alle etwas Besonderes, weil die Frau über dem Abgrund von Topmodel Heidi Klum gespielt wurde, was uns viel mediale Aufmerksamkeit beschert hat. Sie und ihr Mann Tom sind riesengroße »Bergretter«-Fans und kennen sich mit den Staffeln fast besser aus als ich. Heidi Klum verhielt sich am Set absolut professionell, war unkompliziert, motiviert und hatte großen Spaß.

RETTUNG IN LETZTER SEKUNDE

Bei den Fernseh-»Bergrettern« ist es immer Rettung auf den letzten Drücker. So ist es bei uns nicht, aber es kommt vor, und folgenden Einsatz werde ich niemals vergessen. Wir erhielten eine Alarmmeldung, und die lautete in etwa so: »Unterhalb der Dachsteinseilbahn im Aufstieg Hunerscharte ist ein Bergsteiger abgerutscht. Er hängt frei, da baumeln nur noch die Füße, und er schreit um Hilfe.« Auftrag der Rettungsleitstelle war: Fliegt sofort Richtung Dachstein! Ohne große Anzeigentafel und Einsatzplanung. Wir sind also unmittelbar gestartet, waren in zehn Minuten da, und haben schon aus der Luft gesehen, dass es keine Übertreibung war, der Mann hing wirklich in einer abschüssigen Felsplatte. Oberhalb der Stelle verläuft ein anspruchsvoller Wanderweg mit Klettersteig. Der Bergsteiger hatte in dem Schotter den Halt verloren und ist langsam immer weiter runtergerutscht bis zur Abbruchkante der Wand. Wir sind sofort einen Bogen ins Edelgries geflogen, haben so schnell wie möglich das Material ausgeladen und das Tau angehängt. Es ging um Sekunden, das war unverkennbar. Ich habe nur ein Rettungsdreieck genommen, mich ans Tau gehängt, und schon sind wir hin zu dem Verunglückten. Ein Rettungsdreieck ist ein Rettungsgurt für Notfälle in außergewöhnlichen Höhen und einfach und rasch anzulegen, um die abgestürzte Person schnell aus dem Gefahrenbereich bringen zu können. Ich habe den Verunglückten umgriffen, die am Tau befestigte Bergeschlinge um seinen Oberkörper gewickelt, und in dem Moment hat er ausgelassen – und ist ins sichere Seil gefallen. Das war ein Einsatz, von dem wir immer noch reden, obwohl er schon über 15 Jahre her ist. Wir sind dann zurückgeflogen zum Zwischenlandeplatz und hatten wirklich alle Tränen in den Augen. Dem Mann hat sonst nichts gefehlt. Wäre er abgestürzt, hätte er das niemals überlebt. Er war fix und fertig, aber wir waren es ehrlich gesagt auch.

SZENE

DER GEKAUFTE WINTER

Die Nacht bricht über den Türlspitz herein. Markus, Katharina und drei Gerettete verstecken sich vor der einbrechenden Kälte in einer Höhle. Ihre Handys haben keinen Empfang. Der Heli kann sie erst bei Tageslicht suchen und bergen. Aber der vermeintlich sichere Unterschlupf im Berginneren entpuppt sich als lebensgefährliche Falle. Wasser dringt plötzlich in die Höhle ein, der Pegel steigt rasant, alle drohen zu ertrinken. Katharinas Kräfte schwinden zusehends. Gibt es einen Notausstieg? Die Zeit rennt …

(Staffel 10, Folge 03)

Die aufwendigsten Dreharbeiten sind immer die, die wir hoch am Berg durchführen und die mit viel Action und Dramatik zu tun haben, so wie bei dieser Folge, die in einer Höhle spielt. Unter Tage zu sein ist wie in eine andere Welt abzutauchen. Die Gerüche sind sehr eigen, man ist den ganzen Tag im Dunkeln, es ist toten-

> »Der Weg zur Angst ist relativ kurz.«

still, immer gleichbleibend kühl und feucht. Bei diesen Aufnahmen begleitet uns die Höhlenrettung, das ist eine spezielle Einsatztruppe der Bergrettung. Wir robben mit ihnen durch enge, dunkle Kanäle und Stollen. Wenn man weiß, wie riesengroß die Erde ist und dass man nicht mal einen Bruchteil von ihr erkundet hat, kommt man sich dort unten sehr verloren vor. Der Weg zur Angst ist relativ kurz. Unsere Oberbeleuchtung legt für diese Dreharbeiten mitunter 300 Meter Kabel in einen Berg hinein und muss hinterher alles wieder von Staub und Matsch befreien. Aber wie simuliert man die Flutung einer Höhle? Hierfür sind Anthony Werner und Stany Vajce von unserer Baubühne wieder mal zur Höchstform aufgelaufen. Sie haben ein Höhlensystem nachgebaut, es auf einer Insel befestigt und das wiederum auf Fässer montiert. Die Konstruktion konnte im Löschteich der Ramsauer Feuerwehr

Höhle gewünscht? Schon wurde sie von der Baubühne so nachgestellt, dass der Kameramann ans Werk gehen kann.

WER ZAHLT DEN RETTUNGSEINSATZ?

Bei internistischen Notfällen oder Straßenunfällen übernimmt die Krankenkasse die Kosten der Flugrettung. Kommt es bei Freizeitaktivitäten im alpinen Gelände zu Unfällen, übernimmt die Krankenversicherung die Kosten in der Regel nicht. Dafur braucht man einen speziellen Schutz, der dieses Risiko abdeckt. Bei Mitgliedschaften in alpinen Vereinen ist so eine Versicherung meistens inkludiert. Man sollte das unbedingt klären, bevor man eine Bergwanderung oder Klettertour macht. Sobald man einen Unfall hat, ist es dafür zu spät. Ein Flugrettungseinsatz kann je nach Umfang und Dauer zwischen 6000 und 12 000 Euro kosten.

mittels Luftdruck versenkt oder angehoben und so eine Überflutung simuliert werden. Hier haben wir alle dafür notwendigen Nahaufnahmen gemacht. Weil Frühsommer und Laichzeit waren, sind regelmäßig quakende Frösche durchs Bild gesprungen. Für mich ist es faszinierend zu sehen, wie man eine Filmillusion mit solchen Tricks aufrechterhalten kann.

ABBRUCH IM DUNKELN

Im Film heißt es immer: Der Einsatz muss abgebrochen werden wegen einsetzender Dunkelheit. Das hat einen einfachen Grund: Filmdreh fällt unter kommerzielles Fliegen, und solche Flüge dürfen nicht im Dunkeln und in der Nacht stattfinden. Das ist nur bei Notfällen

Ganz große Bühne: Die Szene aus Staffel 14, in der Markus abrutscht und den reißenden Wasserfall hinabstürzt, erfordert großen Einsatz von Darstellern und Kamerateam.

gestattet. Wir sind mit dem Notarzt-Heli »Christophorus 14« nicht nur tagsüber, sondern auch nachts im Einsatz. Für einen Nachtflug muss eine Weitsicht von fünf Kilometern gegeben sein. Wir fliegen mit Nachtsichtbrillen, die nur ein Schwarz-Weiß-Bild, eine Sichtbreite von 40 Grad und eine zweidimensionale Darstellung ermöglichen. Diese Brillen haben wir immer an Bord, um vorbereitet zu sein, falls ein Einsatz länger dauert.

Dass Bergsteiger in Dunkelheit geraten, hängt fast immer mit einer schlechten Tourenplanung zusammen. Sie kalkulieren die Zeit bis zum Gipfel und vergessen, dass sie für den Rückweg oft genauso lange benötigen. Und sitzen dann irgendwo im steilen Gelände fest. Solche Notfälle tauchen bei uns vermehrt auf. Es kommt beispielsweise im Winter um halb sechs Uhr abends auf den letzten Drücker ein Notruf rein, dass drei erschöpfte Bergsteiger am Dachstein nicht mehr runterkommen. Das war kurz vor knapp, eine halbe Stunde später wäre es stockdunkel gewesen. Ich weiß nicht, ob bei vielen im Kopf mitspielt, sich einfach abholen zu lassen, wenn man es nicht schafft. Regelmäßig unterschätzt werden auch die Verhältnisse am Berg. Das Wetter kann schnell umschlagen. Es gibt im Gebirge das Phänomen, dass sich Gewitter sehr lokal entwickeln können, auch mitten am Tag. Da blitzt und donnert es, und drumherum ist schönster Sonnenschein. Bei Gewitter am Gipfel zu sein, der noch dazu mit Eisen gesichert ist, wird dann zur großen Gefahr. Außerdem gibt es am Berg eine Sonnenseite und eine Schattenseite. Speziell im Herbst ist es häufig so, dass auf der Sonnenseite wunderbare Wanderbedingungen herrschen und es herrlich warm ist. Dann biegt man um die Ecke, steht auf der Nordseite des Dachsteins, und dort ist urplötzlich Winter. Es ist eisig kalt, und für Passagen, über die man sonst einfach drüber spazieren würde, braucht man Steigeisen.

SZENE

UM JEDEN PREIS

Markus Kofler und Bergführer Georg sind auf der Suche nach dessen Schwägerin. Von ihrem Klettersteig aus entdecken sie im Bachbett ihren Rucksack. Irgendwas scheint nicht zu stimmen. Markus hat einen Verdacht: Hat Georg etwas mit dem Verschwinden von Sylvia zu tun? Die beiden geraten in Streit, Markus verliert das Gleichgewicht und stürzt den hohen Wasserfall hinab. Wie durch ein Wunder kann er sich ans Ufer retten. Georg haut einfach ab. Er geht davon aus, dass Markus den Sturz nicht überlebt haben kann. Dabei schleppt sich der schwer verletzt den Klettersteig wieder hinauf. Jemand anderem wird der Wasserfall später aber tatsächlich zum tödlichen Verhängnis: Polizistin Jessika verunglückt, ihre Leiche wird nie gefunden.

(Staffel 14, Folge 02)

Höhenangst darf ein Bergretter nicht haben, wenn er auf einem Felsvorsprung steht, den Abgrund tief unter sich, und in den Heli gelangen muss. Hat Markus Kofler aber auch nicht!

mbulance Technology

Der 25 Meter hohe Salza-Wasserfall im Gröbminger Land ist ein reizvolles Fleckchen Natur, auch für Filmleute. Schon mehrfach bot er die perfekte Location für dramatische Szenen, darunter in der Folge »Um jeden Preis« (S. 41). ▷

Bei Rettungseinsätzen trägt auch ein Bergretter mitunter Blessuren davon. In dieser Szene ist Markus' Oberschenkelverletzung wieder aufgebrochen. Notärztin Katharina versorgt ihn vor Ort.

Diese Folge hatte es in sich. Man sieht mich rückwärts über die Klippe fallen, unter mir der Wasserfall und das tiefe Becken. Ich bin tatsächlich gesprungen, aber natürlich nicht dort. Unser Stuntman Hias Werner, mit dem ich schon lange zusammenarbeite und dem ich blind vertraue und er mir, fragt mich bei solchen Szenen immer: Willst du oder nicht? Natürlich will ich immer, und er erklärt mir dann genau, wie ich das machen muss. Wir sprechen so einen Sturz Schritt für Schritt durch und tasten uns ganz langsam ran. In diesem Fall bin ich rund acht Meter in Kartons gesprungen, die mit sogenanntem Green abgedeckt waren, auf die dann die Szenerie nachträglich digital eingespielt wurde. Für diese visuellen Effekte und unsere gesamte digitale Bearbeitung sind Markus Strehl und Manuel Hufschmid zuständig, sie haben auch schon für die Netflix-Serie »Game of Thrones« gearbeitet. Wenn wir irgendwelche Vertiefungen brauchen oder einen künstlichen Abgrund oder eine Lawine aus Schnee oder einen Felssturz, machen sie das perfekt.

»Weil der Berg einem keinen Fehler verzeiht, muss man mental und körperlich auf alles vorbereitet sein.«

Die Person, die man in der Totalen über den Wasserfall hinabstürzen sieht, ist dann ein Double. Dieser Stunt wurde am Salza-Wasserfall im Gröbminger Land gedreht. Wenn ich dürfte, hätte ich ihn gerne selbst gemacht – aber es lohnt sich

Blick auf die Steiganlage der imposanten Lammerklamm im Salzburger Land – auch sie eine beliebte Einstellung, wenn in einer Klamm gedreht werden muss.

nicht, dafür den ganzen Dreh aufs Spiel zu setzen. Ich darf mich nicht verletzen, und ich bin immer vorsichtig und gewissenhaft. Trotzdem muss ich mich für die Rolle fit halten. Bewegung und Sport sind ein großer Teil meines Lebens geworden. Das, was andere in jungen Jahren abspulen, mache ich jetzt. Manchmal fühle mich wie ein Leistungssportler, aber dieser Job fordert einfach viel. Ich laufe, ich mache Krafttraining, ich fahre Rennrad und klettere. Weil der Berg einem keinen Fehler verzeiht, muss man mental und körperlich auf alles vorbereitet sein. Feiern und Party kann ich mir nicht erlauben, ich muss mit meinen Kräften haushalten.

Wenn wir in einer Klamm drehen, muss sie so gebaut sein, dass es für die Kamera verschiedene Einstellungsoptionen gibt, wie beispielsweise in der Lammerklamm oder der Silberkarklamm. Natürlich setzen wir auch Drohnen ein, aber unsere zwei Kameraleute müssen unterschiedliche Positionen erreichen können. Es kommt vor, dass sie in der Wasserhose mit der Handkamera mitten im Bach stehen, und so ein Gebirgsbach ist mit rund sechs Grad richtig kalt. Wenn wir schwimmen müssen, tragen wir unter unserer Kleidung einen dünnen Neoprenanzug. Ganz kurze Sequenzen machen wir auch ohne. Aber auch bei einem Neoprenanzug bleiben Füße, Hände und der Kopf unbedeckt. Das reicht schon, um auszukühlen. Steht man den dritten oder vierten Tag

Wie spielerisch es doch aussieht, wenn Bergretter Markus am Helikopter-Tau hängend Richtung Tal »schwebt«.

in Folge im Wasser, lässt die Energie merklich nach, man verspannt total.

Unsere Unterwasserbilder liefert eine spezielle Wasserkamera, für Tauchsequenzen nutzen wir zum Beispiel einen Wassercontainer oder Pools. Dieses Jahr haben wir oben am Dachstein im Schnee für Folge 4 der Staffel 16 einen Wasserpool eingebaut. Im Film ist es so, dass Menschen auf einem Skidoo im Eis einbrechen. Markus Kofler lässt sich am Helikopter-Tau hängend ins Wasser eintauchen und bringt die Personen wieder an die Oberfläche. Dann zieht der Heli sie beide am Tau heraus. Das Hinterhertauchen im See haben wir im Becken nachgestellt und alles andere tatsächlich am Heli hängend. Wenn man das stundenlang praktiziert, glaubt man, einem wird nie wieder warm werden.

Szenenfoto aus Staffel 14: Markus, der sich auf der Suche nach Sylvia am Bein verletzt hat, wartet auf Hilfe (oben). Polizistin Jessika und Bergretter Simon, mit dem Jessika auch privat liiert ist, bei einem Einsatz (unten)

In der Folge »Um jeden Preis« kommt Polizistin Jessi ums Leben. Man weiß als Schauspieler, dass alle Dreharbeiten und jede Serie irgendwann mal zu Ende gehen. Aber wenn man so eine intensive Zeit miteinander hatte wie wir und so eng zusammenwächst, dann fällt es einem schwer, sich das einzugestehen. Wenn dann eine Figur wie Jessi oder Hotelier Peter Herbrechter stirbt und die Kollegen ausscheiden, dann ist das ein ganz starker Schmerz.

GEFAHRENZONE KLETTERSTEIG

Im Sommer haben wir Einsätze, die herausfordernd sein können, ohne dass es dabei Verletzte gibt. Wichtig ist immer, dass wir schnell vor Ort sind. Was in den letzten Jahren stark zunimmt, sind Unfälle oder Beinaheunfälle auf Klettersteigen. Wir haben in der Ramsau 22 Klettersteige, einige sind schnell und gut zu erreichen. Eine Viertelstunde Fußmarsch, und man ist am Einstieg. Das verlockt. Man ist dort zwar gut gesichert, trotzdem kann es gefährlich werden, wenn Kraft und Kondition nachlassen und man sich zu viel zugemutet hat. Einige schaffen es, selbst einen Notruf abzusetzen, oder andere Kletterer alarmieren uns, dass jemand in der Wand hängt und nicht weiterkommt. Auch in einem Klettersteig kann man fallen, wenn es auch nur ein paar Meter sind. Aber die können

Ein Trupp Menschen auf einem Klettersteig? Ja, nur dass es sich hier um eine vom Tourismusamt Ramsau veranstaltete und von der Bergrettung betreute »Fanwanderung« zur Silberkarklamm handelt.

reichen, um sich schwere Verletzungen zuzuziehen. Oder man kann kopfüber in der Sicherung hängenbleiben, und das Blut staut sich gefährlich im Kopf. Und selbst wenn man im Klettergeschirr hängt, kann es nach einiger Zeit sehr unbequem und schmerzhaft werden. Man spürt seine Füße nicht mehr, da sie schlecht durchblutet sind, und alles, was länger als 30 Minuten dauert, kann unter Umständen irreparable Schäden verursachen. Weil einige Klettersteige so weit unten im Tal sind, ist die Bergrettung zu Fuß oft schneller am Einsatzort als die Flugrettung. Ist der Bergsteiger so blockiert, dass er nicht weiterkann oder aber verletzt ist, fliegen wir ihn am Rettungstau aus der Wand. Wenn er noch in einer guten Verfassung ist und Angst und Panik von ihm gewichen sind, entscheiden wir, ob wir ihn stattdessen abseilen können.

Blick vom Salzburger Land auf die Bischofsmütze im Dachsteingebirge, das der Wettergott heute in Nebelschwaden getaucht und mit Wolkenbergen eingerahmt hat. ▷

Am Tau zu hängen und in der Luft zu pendeln, über einem Helikopter und Himmel, unter einem der Abgrund – da braucht es nicht nur ein starkes Seil, sondern auch starke Nerven.

Nicht jeder Einsatz geht bei der Berg- und Flugrettung gut aus. Wir können nicht jeden lebend bergen. Wenn wir ankommen, ist der Unfall

»Wir bereden alles und machen uns deutlich bewusst, dass es nicht unsere Schuld ist.«

schon passiert. Wir sind dafür nicht verantwortlich. Wir wollen nur unser Bestes geben, um die Betroffenen aus der Situation zu befreien. Wenn das Beste aber nicht reicht, egal ob bei einem Verkehrsunfall, der oft Todesopfer fordert, oder internistischen Einsätzen, wenn eine Reanimation bei einem Herzinfarkt nicht mehr helfen kann oder wenn ein Bergsteiger seinen Verletzung erliegt: Wir sind ein Team, wir sprechen darüber. Beim Rückflug meist noch nicht, da sagt keiner ein Wort und wenn, dann nur das nötigste. Aber später setzt man sich zusammen und redet. Das kommt ganz automatisch. Jeder weiß, man muss das verarbeiten. Wir bereden alles und machen uns deutlich bewusst, dass es nicht unsere Schuld ist. Wir könnten auch eine psychologische Betreuung in Anspruch nehmen. Aber wir halten es eigentlich immer so, dass wir miteinander reden.

Strahlend blauer Himmel, unberührter Schnee, ewiges Eis: In diesem majestätischen Gewand präsentiert sich der Hohe Dachstein seinen Bewunderern.

ZEITFRESSER: DIE VORBEREITUNGEN

Drehtage sind lang. Das liegt meistens daran, dass die Orte, an denen gedreht wird, nicht leicht zu erreichen sind: Sie liegen weit oben im Gebirge, im felsigen Gelände oder auf dem Gletscher.

In den wenigsten Fällen führt eine Straße direkt dorthin. Im Kaunertal gondeln wir vom Parkplatz weiter hinauf mit der Gletscherbahn und müssen die restliche Strecke entweder zu Fuß, mit Pistenbullys oder auf Skidoos (Snowmobile) zurücklegen. Unser gesamtes Equipment muss ebenfalls mit. Das ist beispielsweise alles, was die Kameratechnik braucht: Handkamera, Steady Cam, verschiedene Optiken und falls nötig einen Kran mit Schienen, auf den man die Kamera setzt. Die Tonabteilung hat ebenfalls ihre Ausrüstung zu transportieren, und wenn am Set Strom benötigt wird, muss auch ein Generator mit. Die Requisite sorgt für alle Gegenstände, die später im Film zu sehen sein sollen: Rucksäcke, Klettergurte, Ski … Das Kostümbild bringt die Klamotten der Schauspieler, und das meist doppelt, falls etwas kaputt geht oder nass oder für Doubles gebraucht wird.

Von rund zehn Arbeitsstunden pro Tag gehen allein für An- und Abfahrt und den Aufbau der Filmausrüstung schnell mal vier Stunden weg, oder mehr. Im Winter werden wir um sechs Uhr in der Früh in unseren Quartieren abgeholt, und manchmal fällt die erste Klappe erst um halb zehn. Drehen wir auf dem Gletscher oder in gefährlichem Gelände, werden vom Bergretter-Team erst Sicherungsvorrichtungen gelegt und Wege markiert. Dann werden alle Personen am Set gesichert. Sie müssen Gurte anziehen und Helme und werden eingehängt. Wenn eine Idee nicht umsetzbar ist, muss der ganze Aufbau wieder geändert werden, und alles geht von vorne los. Oder der Kameramann braucht eine andere Position, dann muss er wieder raufgezogen, Seile neu verlegt und Schrauben gebohrt werden. Es kann vorkommen, dass wir einen

> »Unser Hauptdarsteller ist der Berg.«

Kran benötigen, allein der Aufbau dauert eine Dreiviertelstunde. So ein Kran ist wie ein Greifarm, mit dem sich die Kamera bewegen lässt, um spektakuläre Einstellungen zu liefern, etwa tief in einer Gletscherspalte oder nah an einer Felswand. Die Regisseure werden natürlich nervös, weil ihnen durch das ganze Drumherum weniger Drehzeit bleibt. Weil Sicherheit bei unserer Arbeit an erster Stelle steht, haben wir einen permanenten zeitlichen Druck. Unser Pensum ist enorm. Wir müssen uns täglich ranhalten, um alles zu schaffen.

EINTAUCHEN IN DIE BERGWELT

Deswegen ist es wichtig, dass die Aufnahmeleitung im Vorfeld genau festlegt, welche Einstellungen oben am Berg gedreht werden sollen. Vorrangig sind das die »großen« Bilder, die Production Value liefern, wie es in der Filmfachsprache heißt. Dieser »Produktionswert« steht für die Gesamtqualität eines Filmwerks, ein hoher Value bedeutet hohe technische und optische Qualität. Bei uns sind das Aufnahmen, wo beispielsweise mit einer Drohne über die Spalte geflogen wird oder abfallend über einen riesigen Bergkamm. Unser Hauptdarsteller ist der Berg. Er muss das ganze Bild einnehmen, in der Totalen oder Halbtotalen. Ihn will der Zuschauer sehen, in diese Bildwelt will er eintauchen, er will die Größe der Felswand sehen, die Weite der Gletscherlandschaft, Gipfel an Gipfel.

Aber auch nachgestellte Szenen, für die kein landschaftlicher Hintergrund notwendig ist, werden fast immer draußen und in der Natur aufgenommen, nur eben dann an solchen Stellen, wo man gut hinkommt, und wenn es ein kleiner Felsvorsprung neben der Forststraße ist. Für Nahaufnahmen ist die Drehzeit am Gletscher oder im Hochgebirge zu wertvoll. Am Berg kann man keine zehn Filmminuten am Tag drehen, meistens schaffen wir zwischen zweieinhalb und vier. Filmmeter, also viele Filmminuten in kurzer Zeit, machen wir unter kontrollierten Bedingungen, am Hof Emilie zum Beispiel oder auf dem Polizeirevier oder im Krankenhaus. Dort können wir mit hoher Frequenz drehen.

WER, WAS, WANN, WO?

Zur Filmcrew gehören alle Personen, die an der Filmproduktion beteiligt sind. Sie kommen aus verschiedenen Departments: Produktion, Regie, Kamera, Ton, Montage, Maskenbild, Kostüm- und Szenenbild, Musik, Spezialeffekte, audiovisuelle Effekte. Am Set sind immer mindestens 30 Crewmitglieder anwesend, hinzukommen Komparsen oder Stuntleute, wenn erforderlich. Alle kriegen für jeden Drehtag von unserem Aufnahmeleiter Herbert Ruf eine ausführliche Disposition, ein wichtiges Dokument, das mehrere Seiten mit den wichtigsten Informationen umfasst. Dort steht unter anderem drin, welche »Bilder« aus dem Drehbuch wo gedreht werden und wie

Wenn der Filmassistent die Klappe hochhält, ist das ein Signal, dass der Dreh beginnen kann. Die Klappe, ein wichtiges Hilfsmittel bei einer Filmproduktion, enthält alle wichtigen Informationen über die jeweilige Einstellung.

lang sie sind, welcher Schauspieler wann in der Maske und wann drehfertig sein muss, wo die Basis aufgebaut wird, wann Kostümproben und welche Bergretter dabei sind, welche Spielfahrzeuge gebraucht werden und wie viele Essen das Catering einplanen muss. Jede Rolle hat eine Nummer, Markus Kofler ist die 1, Katharina Strasser die 2 und Tobias Herbrechter die 3. Zu jeder Dispo werden außerdem eine Risikoanalyse des Drehortes verschickt, eine Gefährdungsbeurteilung und Informationen zum Motiv samt Zufahrt und Koordinaten. Die Drehpläne können maximal eine Woche im Voraus erstellt werden, langfristiger kann man schon wegen des Wetters nicht planen. Unser Produktionsleiter Ingo Preuss hat immer alles im Blick. Er ist der wichtigste Mann vor Ort, bei ihm laufen alle Fäden zusammen.

Dick vermummt, durch Tiefschnee stapfend. So schön Winter optisch sein kann, bei Dreharbeiten im Freien können Kälte, Wind und Eis den Darstellern ganz schön zusetzen.

EISKALT, RAU, UNWIRKLICH: FILMDREH IM WINTER

Berge sind ein grandioser Abenteuerspielplatz und wahre Traumorte, aber sie sind auch eine absolute Gefahrenzone. Jedes Jahr verunglücken viele Menschen in Schnee und Eis.

Wer im Winter im freien Gelände unterwegs ist, ob auf Tourenski oder mit Schneeschuhen, sollte sich mit Lawinenkunde auskennen. Für das Überqueren von Gletschern gilt: Es wird am gespannten Seil gegangen, und jeder muss die Spaltenbergung beherrschen. Für unsere Dreharbeiten stellen die Bedingungen im Winter eine besondere Herausforderung dar.

SZENE

LOSGETRETEN

Ein prachtvoll sonniger Wintertag auf der Kaunertaler Gletscherstraße. Doch der Schein trügt. Ein Auto ist über einen Abgrund einige Meter hinabgestürzt, das Fahrzeug ist leer. Markus Kofler ist vor Ort, Tobias Herbrechter kommt zur Verstärkung hinzu. Gendarm Gert Holzer hat den Abschleppwagen dabei. Da löst sich weit oben im Gebirge eine riesige Lawine. Tobi, der unten beim verunglückten Pkw ist, schafft es nicht schnell genug, den Berghang hinaufzukommen. Markus springt zu ihm hinunter. Beide bringen sich im Fahrzeug in Sicherheit. Und werden unter den gewaltigen Schneemassen begraben …

(Staffel 7, Folge 05)

Die Bergszenen für unsere Winterfolgen drehen wir nicht in Ramsau am Dachstein, sondern von Februar bis Mitte März im Tiroler Kaunertal. Dieses von Nord nach Süd verlaufende Hochtal in den Ötztaler Alpen wird durch drei Gebirgszüge eingeschlossen: den Kaunergrat im Osten, den Glockturmkamm im Westen und am Talschluss durch den riesigen Gepatschferner. Es ist der zweitgrößte Gletscher Österreichs. Anders als die sanfte, grüne Ramsau zeigt sich das Kaunertal von einer kargen und schroffen Schönheit. Eine eigene Welt, in der man den rauen Kräften der Natur deutlich ungeschützter ausgesetzt ist.

Zentraler Ort des Kaunertales ist Feichten. Etwa 1,3 Kilometer südlich beginnt die mautpflichtige Kaunertaler Gletscherstraße. Sie ist 26 Kilometer lang, führt über 29 Kehren, überwindet 1500 Höhenmeter hochalpines Gelände und endet am Rand des Weißseeferners bei 2750 Metern Seehöhe. Von hier geht's mit der Falginjochbahn weiter hinauf auf 3113 Meter zum höchsten Punkt des Gletscherskigebietes. Diese Lage macht das Kaunertal zu einem idealen Ort für unseren Filmdreh. Es ist im Winter sehr schneesicher, wir können für den Transport des Teams und unserer Ausrüstung die Gletscherstraße nutzen. Und wir können Dreharbeiten auf einer Höhe durchführen, die fantastische Filmaufnahmen einer schier unendlichen Bergkulisse hergeben.

Eine von insgesamt 29 Kehren der Kaunertaler Gletscherstraße – eine der schönsten Hochgebirgsstraßen in den Alpen

DER EINSTIEG: EIN »ALP«TRAUM

Die Folge »Abgeschnitten« war mein Dreheinstieg bei »Die Bergretter«. An diesen Drehtagen im Kaunertal war damals alles sehr bedeutungsschwanger, alle waren wie betäubt, denn es stand die letzte Staffel mit meinem Vorgänger Martin Gruber als Andreas Marthaler an. Man muss wissen, dass die Winterfolgen bei jeder Staffel als Erstes gedreht, aber als Letztes ausgestrahlt werden. Ich war der Neue am Set, also quasi ganz unten in der Rangordnung, und bezeichnenderweise im Souterrain einer Unterkunft einquartiert. Gefühlt würde ich sagen, es war dort immer dunkel. Ich kam in der Nacht an. Am nächsten Tag, als ich zum Dreh abgeholt wurde, war es immer noch dämmrig, und als ich am frühen Abend vom Gletscher zurückkam, war es schon wieder stockdunkel. Ich rief meine Frau an – die Tinte auf meinem Vierjahresvertrag war noch nicht trocken – und sagte nur: Was habe ich getan! Mir war nicht bewusst, wie beklemmend und düster solche schmalen End-Täler in den Alpen im Winter sein können. Die tief ste-

Wenn alle am gleichen Strick ziehen … (v. l. n. r.: Polizist Gert Holzer, Emilie Hofer und Bergretter Markus), dann muss ein schwieriges Unterfangen einfach gelingen.

hende Wintersonne schafft es immer nur kurz, das Tal zu erhellen. Meine Gedanken waren: Ich bin gefangen am Ende der Welt. Aber wie bei jeder guten Geschichte, sie muss unten anfangen, damit man irgendwann den Gipfel und die Sonne sehen kann. Heute würde ich selbst im Souterrain die Sonne erkennen.

Nach diesem Dreheinstieg im Kaunertal hatte ich den Sommer über zunächst Pause, während es für Martin Gruber ein letztes Mal für die Sommerfolgen in die Ramsau ging. Ab Staffel 7 ist Markus Kofler der neue Leiter der Bergrettung Ramsau, und auch hier haben wir wieder mit dem Winterfolgen-Dreh im Kaunertal begonnen. Schauspiel-Kollege Markus Brandl alias Tobi und ich mussten in »Losgetreten« einen Hang fast 20-mal rauf- und wieder runterlaufen, bis die Einstellung im Kasten war. Ich war tags zuvor erst am Set angekommen, und es ist wirklich

Szene aus der Folge »Entführt«: Bergretter Markus weist den Rettungshubschrauber ein, damit der bei einem Unfall schwer verletzte Mann schnellstmöglich ins Krankenhaus gebracht werden kann. Sein Kollege Tobi kümmert sich derweil um den Verunglückten.

Katharina macht sich zusammen mit Joshua auf die Suche nach seinem Vater. Szene aus »Dünnes Eis«, Staffel 15 (oben). Zwei Männer, die auf einem Skidoo unterwegs waren, sind in eine Höhle gestürzt und warten nun verzweifelt auf Rettung, aus der Folge »Dieses eine Leben«, Staffel 13 (unten).

sehr anstrengend, auf Gletscherhöhe sportliche Höchstleistungen zu bringen, vor allem wenn man null akklimatisiert ist. Und dieser Sprung über die Hangkante den Abhang hinunter, war wirklich ein großer Sprung.

SZENE

DÜNNES EIS

Schneebedeckte Höhe, schier endloses Weiß, durchsetzt von schroffen Felsgipfeln. Zivilisation? Weit und breit nicht in Sicht. Der Blick aus dem Helikopter ist gigantisch. Es wird mit Sekt angestoßen. Dann kippt die Stimmung, das Unglück passiert, die Maschine stürzt ab. Hoch oben im Gebirge und mitten im Nirgendwo. Wie durch ein Wunder, alle drei Insassen überleben, tragen nur Blessuren davon. Aber sie können keinen Notruf absetzen, haben keinen Empfang. Die einbrechende eisige Winternacht würden sie nicht überleben, also entscheiden sie sich für den Abstieg übers Hochgebirge. Dichter Schneefall setzt ein …

(Staffel 15, Folge 05)

Wir haben für diese Szene einen Hubschrauber aus Köln herbringen lassen, der extra so zusammenmontiert war, dass er aussieht wie ein Wrack und halb im Schnee vergraben wurde.

Der Ort, wo wir gedreht haben, war nur etwa 150 Meter von der Talstation des Gletscherliftes entfernt. Der Lkw mit dem Anhänger konnte zum Ausladen also sehr nah ranfahren, was die Arbeiten sehr komfortabel gemacht hat. Im Winter auf einem Gletscher zu drehen, in einer Höhe von fast 3000 Metern, bedeutet fast immer extreme Bedingungen. Noch dazu kann das Wetter schnell umschlagen. Minus zehn Grad fühlen sich

»Meine Hand ist während der Szene an dem Metall festgeklebt, so bitterkalt war es.«

mit Wind einfach doppelt so kalt an. Sogar an einem sonnigen, wolkenlosen Tag fallen die Temperaturen rasant, sobald sich der Schatten über das Gebirge legt. Wir sind obendrein den ganzen Tag draußen, für die Pausen gibt es einen Unterstand. Sollte überraschend ein Schneesturm aufziehen, kann man nichts machen außer durchhalten, der Dreh wird durchgezogen. Ich hatte schon Szenen, wo ich aus dem Rucksack eine Metallbox auspacken und dafür die Handschuhe ausziehen musste. Meine Hand ist während der Szene an dem Metall festgeklebt, so bitterkalt war es.

Wie ein »dicker Brummer« wirkt Rettungshubschrauber »Christophorus« im Anflug (oben) und wie ein zarter gelber Schmetterling, wenn er den Rückflug über die schneebedeckten Felsgiganten bewältigen muss (unten).

Panoramablick vom Dachsteinmassiv: Die Szenerie ähnelt einer endlosen Mondlandschaft mit Kratern, Gipfeln und Wellentälern, dominiert von den Himmelsfarben Blau und Weiß.

Egal wie dick man sich anzieht, wie viele Schichten an Thermokleidung man trägt, es kommt der Punkt, an dem man trotzdem friert. Und es ist ja nicht nur die Kälte an diesem einen Tag, es summiert sich, wir stehen wochenlang da oben. Wenn man abends heiß geduscht hat und endlich wieder aufgewärmt ist, weiß man, morgen geht's wieder von vorne los. Das zehrt an den Kräften und Nerven von allen. Der Sommer kann ähnlich brutal sein, wenn die Sonne runterknallt, und man es nicht merkt, weil in den Bergen immer ein leichter Wind geht. Oder wenn es nach einem Gewitter plötzlich um 15 Grad abkühlt.

Unsere Arbeit zeigt uns täglich: Der Berg ist extrem, es wird einem nichts geschenkt.

RETTUNGSHUBSCHRAUBER IM EINSATZ

Außer bei Nebel, Gewitter und starkem Sturm kann ein Rettungshubschrauber bei jedem Wetter fliegen. Schneefall behindert uns nur dann, wenn er die Sicht zu sehr einschränkt. Problematisch kann von den Rotoren aufgewirbelter Schnee sein. Der Pilot muss in meist unbekanntem Gebiet möglichst nahe am Einsatzort und bei dem Verunfallten landen und kann dann Hindernisse am Boden nicht erkennen. Schuld daran ist die Schneewalze, im Fliegerenglisch »whiteout« genannt. So etwas kann dem Piloten schnell die Orientierung rauben. Er muss dann versuchen, auf einen Referenzpunkt zu achten. Selbst erfahrene Piloten schweben die letzten Meter nur mehr nach Gefühl zu Boden. Die einweisenden Bodenkräfte, meist Mitglieder der Bergrettung, versuchen Hilfestellung zu leisten, indem sie unmittelbar vor der Hubschrauberkanzel in die Knie gehen, um so dem Piloten einen Bezugspunkt zu geben.

Es kommt leider immer wieder vor, dass Hubschrauber abstürzen. 2004 kam bei einem Absturz in St. Johann/Pongau eine deutsche Skiurlauberin ums Leben. Notarzt und Flugretter wurden dabei schwer verletzt, der Pilot nur leicht. Der Absturz ereignete sich kurz nach dem Start, noch dazu vor den Augen des Mannes der Urlauberin. Besonders tragisch war auch ein Vorfall in Ischgl: Bei einer alpinen Einsatzübung kam es 2002 zu Problemen beim Antrieb des Helikopters. Die Turbine ließ sich nicht mehr drosseln. Am Tau hing ein Flugretter. Der Pilot wollte ihm eine Überlebenschance geben, flog an den Bodensee und klinkte bei voller Fahrt (etwa 150 Stundenkilometer) das Tau mit dem Retter in geringer Höhe nahe dem Ufer aus. Der Bergretter überlebte den Fall nicht, aber es gelang die Notrettung des defekten Helikopters.

SZENE

DIESES EINE LEBEN

Zwei Männer auf Skidoos donnern über eine verschneite Hochfläche. Ihr Tempo ist halsbrecherisch. Die Motoren der Schneemobile durchbrechen die Stille, ein wildes, lautes Geheul. Bis einer der beiden zu Sturz kommt. Mit letzter Kraft kann er sich am Abgrund einer Gletscherspalte festhalten. Der andere versucht, ihn hinaufzuziehen. Vergeblich. Beide stürzen in die Spalte hinab. Sie überleben zwar verletzt, können sich aber nicht aus eigener Kraft befreien. Gefangen im ewigen Eis. Bläulich schimmern die Wände um sie herum. Von weit oben fällt milchiges Tageslicht hinunter. Es bleibt nur eines: die Hoffnung auf Rettung …

(Staffel 13, Folge 08)

Wie drückte es Hauptdarsteller Sebastian Ströbel so treffend aus: »Schneefall ist romantisch, eine Gletscherspalte definitiv nicht.« ▷

Dreharbeiten auf einem Gletscher sind immer anspruchsvoll, aber Filmaufnahmen einer Gletscherspaltenrettung toppen das noch mal. Wir halten uns dafür die ganze Zeit in gefährlichem Gelände auf. Was Gletscherspalten so tückisch macht? Man sieht sie meistens nicht, weil sie von einer darüberliegenden Schneedecke komplett verdeckt sind. Die Spalten im Eis entstehen, wenn der Gletscher über einen hügeligen Untergrund gleitet oder wenn das Gletschereis unterschiedlich schnell fließt. Sie sind 20 bis 30 Meter tief. Es gibt aber auch welche, in denen es 100 Meter abwärtsgeht. Deswegen wird für uns das Drehgelände genau abgesteckt. Im Kaunertal macht das das Team rund um Bergführer und Bergretter Mathias Ragg. Wir dürfen uns nur in diesem von ihnen markierten Areal aufhalten. Jeder von uns trägt einen Gurt, jeder ist gesichert, keiner geht vom Weg ab. Jeder achtet auf sich und auf die anderen. Wir sind dort oben auf dem Gletscher immensen Naturgewalten ausgesetzt, und es herrscht immer eine gewisse Anspannung.

Für die Filmaufnahmen in eine solche Gletscherspalte abzusteigen, um sich herum nichts als dicke, eiskalte Wände, das packt einen. Das Eis schluckt alle Geräusche. Es ist, wie wenn Schnee fällt, da spürt man auch unendliche Ruhe, die einen einhüllt. Aber Schneefall ist romantisch, eine Gletscherspalte definitiv nicht. Da hat ein Mensch eigentlich nichts zu suchen. Es kann einem schnell die Fantasie durchgehen, wenn man anfängt, sich darüber Gedanken zu machen, wie es tatsächlich sein muss, wenn man hinabstürzt. Wenn man womöglich noch verletzt ist, keine Ausrüstung dabeihat, niemanden zu Hilfe rufen kann. Wenn man in diesem Eisloch gefangen ist.

Was mich fasziniert, ist, dass so ein Gletscher über Millionen von Jahren gewachsen ist. Sich bewusst zu machen, dass diese Riesen aus Eis und Schnee vielleicht irgendwann mal weg sein werden, macht mich demütig. Ich habe vor rund zehn Jahren mit den Dreharbeiten zu »Die Bergretter« im Kaunertal angefangen, und der Rückgang der Gletscher ist ganz offensichtlich. Es reichen zwei, drei Jahre, und man kann mit bloßem Auge ihren Schwund erkennen. Es sind die Folgen des Klimawandels, die man in den Bergen besonders stark spürt. Wissenschaftler befürchten, dass die Alpen bis 2100 eisfrei sein werden. Der Gepatschferner im Kaunertal ist einer der am schnellsten schmelzenden Alpengletscher. Innerhalb eines Jahres verliert er im Durchschnitt um 50 Meter Länge. Auch das Eis im Inneren der Berge, der Permafrost, schmilzt, und das hat Auswirkungen auf die Stabilität der Felshänge; ganze Hänge geraten ins Rutschen.

Die Spielszenen und die Dialoge drehen wir übrigens nicht in einer echten Gletscherspalte, son-

Als wahre Künstler erweisen sich bei schwierigen Szenen die Mitarbeiter der Abteilung Baubühne. Sie bauen alles realitätsgetreu nach, ob es nun eine Gletscherspalte oder eine Höhle ist.

»Jemand geht noch einen Meter zurück und noch einen, und zack, ist er weg.«

dern in einer nachgebauten. Das hat mehrere Gründe, vor allem wäre der logistische Aufwand aufgrund der Sicherheitsvorkehrungen viel zu hoch und der Platz in einer Spalte zu begrenzt. Anthony Werner und Stanislav Vajce sind für die Baubühne zuständig. Sie arbeiten eng mit dem Szenenbild zusammen und sind wahre Künstler. Anthony ist studierter Maler, Stany Bildhauer. Für den Nachbau von Gletscherspalten benutzen sie beispielsweise Plexiglas und sogar echtes Eis. Vor einigen Jahren hatten sie große Probleme, weil wir den Drehplan immer wieder umgeschmissen haben und sie über Wochen diese künstliche Gletscherspalte aus Eis irgendwie erhalten mussten.

TÜCKISCHE GLETSCHERSPALTEN

Gletscherspaltenstürze gibt es auch bei uns am Dachstein. Seit 2003 nimmt die Gletscherschmelze merklich an Geschwindigkeit zu, speziell in diesem Jahr gab es auch am Dachsteingletscher extreme Spalten. Die meisten Unfälle verlaufen glimpflich, was auch daran liegt, dass bis zur letzten Saison der Hüttenwirt von der Dachsteinwarte ein Bergrettungsmitglied aus der Ramsau war. Bei Alarmmeldungen war er mit seinem Skidoo und dem Spaltenbergungsgerät schnell vor Ort und konnte direkt mit den Rettungsvorbereitungen beginnen. Das Spaltenbergungsgerät ist ein Dreibein, das mittig über der Spalte platziert wird und hilft, den Verunglückten über den Spaltenrand zu ziehen.

Bei einem Gletscherspaltenunfall wird immer auch der Hubschrauber alarmiert, denn selbst wenn die Verunglückten nicht verletzt sind, kühlen sie sehr rasch aus und müssen sofort ins Krankenhaus. Leider passiert häufig das: Von der Bergstation der Dachstein-Südwandbahn gibt es einen gesicherten Weg über den Gletscher. Der wird jeden Tag kontrolliert. Wenn man diesen Weg verlässt, und sei es nur für 30 Meter, weil man ein Foto mit unberührtem Schnee machen will, wird es lebensgefährlich. Jemand geht noch einen Meter zurück und noch einen, und zack, ist er weg. Er kann von Glück sagen, wenn er einigermaßen sanft landet. Es gibt auch Spaltenstürze, die tödlich ausgehen, wie in diesem Fall: Zwei sehr gute Kletterer haben die Dachstein Südwand in einer hervorragenden Zeit durchstiegen. Für den Rückweg vom Gipfel sind sie auf den Gletscher abgestiegen. Sie trugen leich-

IM EWIGEN EIS

Im Kaunertal wurde im unteren Ende des Weißseeferners eine V-förmige Gletscherspalte für Besucher zugänglich gemacht. Streng genommen ist es keine natürliche Spalte, sondern ein ins Eis geschlagener Tunnel. Umgeben von mindestens hundert Jahre altem Eis, das in dieser Zeit aus dem Nährgebiet des Weißseeferners bis in den Bereich der Gletscherzunge geflossen ist. Die Eisgänge schimmern in den unterschiedlichsten Weiß- und Blautönen. Dazwischen werden die in den Eisschichten mittransportierten Steine, Schutt und Staub sichtbar. Bei kostenlosen Führungen zur Gletscherspalte erfährt man Interessantes über Gletscher, von ihrer Entstehung bis zum Abschmelzen. Im Sommer wird das Bauwerk mit einer Kunststoffdecke verkleidet, die das Sonnenlicht reflektiert und das Eis isoliert. Die »begehbare Gletscherspalte« auf dem Kaunertaler Gletscher ist eine von drei künstlichen Eisgrotten auf Österreichs Gletschern. Auf dem Dachstein Gletscher gibt es den Eispalast, eine künstlich angelegte Eishöhle. Eine weitere Grotte befindet sich auf dem Stubaier Gletscher, wurde aber aufgrund von Geländeveränderungen geschlossen.

te Schuhe ohne Steigeisen. Unterhalb von der Randkluft sind sie ausgerutscht und an der Nordseite des Dachsteins in eine Gletscherspalte abgestürzt. Einen Bergsteiger konnten wir nur mehr tot bergen.

SZENE

SPÄTE REUE

Man hört ihr Donnern, ihr Dröhnen, spürt ihre Urgewalt, lange bevor man die Lawine sieht. Sie kommt geradewegs auf zwei Menschen zu. Der Hubschrauber ist über ihnen. In letzter Sekunde gelingt es Markus Kofler, die Frau ans rettende Tau zu klinken. Dann überrollen ihn Tonnen von Schnee. Wie durch ein Wunder gelingt es seinen Bergretter-Kollegen, Markus in dem Lawinenkegel zu orten und lebend auszuschaufeln.

(Staffel 15, Folge 06)

Als wir diese Szene gedreht haben, lag bereits ein harter Tag hinter uns, an dem alles ewig gedauert hat und es mit untergehender Sonne unerträglich kalt wurde. Aber wir wollten es unbedingt durchziehen. Es gibt verschiedene Positionen, wie man eine Verschüttung drehen kann. Am einfachsten ist es, wenn man sich mit dem Rücken zur Kamera wendet, weil man so den Kopf in der Armbeuge verstecken kann und gut geschützt ist vor Schnee. Andersherum, wenn man mit dem Gesicht nach oben liegt, ist aber die Dramatik größer. Es wird gegraben und gegraben, und was als Erstes erscheint, ist das Gesicht. Was ich nicht bedacht habe, wie unangenehm der Moment sein kann, wenn dein Gesicht mit Schnee zugedeckt wird. Das ist nicht nur sehr kalt, sondern tut richtig weh, und die Zeit, die man so daliegt, erscheint einem unendlich lang. Und dann fällt entweder eine Haarlocke falsch, oder irgendwas ist verdeckt oder das Licht nicht gut, und die Einstellung muss wiederholt werden, dreimal, viermal, fünfmal. Aber wenn man hinterher die fertige Szene sieht, ist es einfach genial, weil es so echt aussieht. Und das ist unser Anspruch.

Es gibt nicht viele, die ein Lawinenunglück überleben. Letztlich hat es auch sehr viel mit Glück zu tun, selbst wenn man ein Lawinenverschüttetensuchgerät oder einen Airbag trägt. So eine Ausrüstung sollte Standard sein, aber es macht die Menschen auch leichtsinniger. Immer mehr Skifahrer und Tourengeher sind auf den Kick eines unberührten »Powder«-Hanges aus – und überschätzen sich gnadenlos. Und jetzt kommt noch der Klimawandel hinzu, selbst Experten kriegen Probleme, weil sich Situationen immer schwerer verlässlich einschätzen lassen. Es gehen mittlerweile sogar dort Lawinen ab, wo man nie gedacht hätte, dass das möglich wäre. Es

Ein Notruf ist eingegangen. Nach kurzer Rücksprache und Check der vorliegenden Fakten machen sich die Bergretter Katharina, Tobi und Markus sofort auf den Weg zur Unglücksstelle.

reicht ein acht Meter breites Schneebrett, und man hat keine Chance. Selbst wenn gepresster Schnee, Geröll, Schutt und Bäume einen nicht tödlich verletzen, das Zeitfenster, einen Verschütteten rechtzeitig auszugraben, bevor er erstickt, ist klein. Sehr klein. Besonders dramatisch ist: Ist man als Verschütteter bei Bewusstsein, kann man die anderen reden hören. Man versteht sogar ein geflüstertes Wort, aber hat keine Möglichkeit, auf sich selbst aufmerksam zu machen.

Skiszenen lasse ich vor allem dann doubeln, wenn es um spektakuläre Abfahrten geht, die haben einheimische Skifahrer einfach besser im Blut. Und lieber als das Alpinskifahren ist mir mittlerweile das Tourengehen. Das ist echt ein Genuss.

Während des Lockdowns konnte ich nicht zu meiner Familie pendeln und bin jeden Tag die menschenleeren Pisten aufgestiegen. Sobald ich im Gelände unterwegs bin, ist mir die Gefahr immer bewusst. Ich bin sehr vorsichtig und immer im Austausch mit örtlichen Bergführern. Das mache ich im Sommer, wenn ich eine Berg- oder Klettertour machen will, genauso: Ich rufe vorher die aktuellen Wetterdaten ab und rede mit den Experten vor Ort. Die Tourenplanung ist immens wichtig.

Witterung, Wind, Schneelast oder auch menschliches Versagen. Einer dieser Faktoren hat eine Lawine ausgelöst, die unheilvoll und oft todbringend ins Tal donnert.

VON KAMERADEN GERETTET

Die größte und oft einzige Chance, die man hat, um aus einer Lawine lebend geborgen zu werden, ist die Kameradenrettung. Das bedeutet, dass man zum einen nicht allein auf Skitour oder beim Variantenfahren im Gelände unterwegs ist, sondern mit mindestens einem, besser gleich mehreren Begleitern, und dass alle eine Notfallausrüstung mit sich führen. Diese besteht aus einem Lawinenverschüttetensuchgerät, umgangssprachlich auch als Lawinenpieps bezeichnet, Sonde und Schaufel. Außerdem sollte man ein Erste-Hilfe-Set und einen Biwaksack im Rucksack haben. Warum die Kameraden so wichtig sind? Weil nicht mal die schnellsten Flugretter in 15 Minuten vor Ort sein können. Und das ist aber genau das Zeitfenster, in der Lawinenverschüttete eine Überlebenswahrscheinlichkeit von 90 Prozent haben. Rund zehn bis 20 Prozent der Lawinenopfer sterben schon innerhalb der ersten Minuten durch mechanische Einwirkungen und daraus resultierende Verletzungen. Es gibt zwar vereinzelt Fälle, wo Verschüttete erst nach eini-

»Die Tourenplanung ist immens wichtig.«

gen Stunden ausgegraben wurden und überlebt haben, aber nach unserer Erfahrung lässt sich sagen: Wenn es länger als eine Viertelstunde dauert, sinkt die Überlebenschance aufgrund des Sauerstoffmangels rapide. Schon nach drei Minuten ohne Sauerstoff kann das Gehirn irreversible Schäden davontragen.

Wir hatten vor einiger Zeit einen sehr tragischen Lawinenunfall am Dachstein. Eine Gruppe tschechischer Schneeschuhgeher wollte auf den Gipfel. Am ersten Tag der Tour war das Wetter schlecht, sodass sie in der Hütte geblieben sind. Als am nächsten Morgen die Sonne nur so vom Himmel strahlte und der Wetterbericht gut war, sind sie aufgebrochen. Aber sie haben nicht bedacht, dass in der Nacht viel Neuschnee gefallen ist. Sie sind also aufgestiegen, fünf Personen, alle hintereinander. In einem steilen Schneefeld haben sie wahrscheinlich durch ihr Gewicht eine Lawine ausgelöst und wurden verschüttet.

Keiner von ihnen trug einen Lawinenpieps und konnte folglich auch nicht geortet werden. Das war umso tragischer, weil innerhalb kürzester Zeit andere Bergsteiger vor Ort und voll ausgerüstet gewesen wären. Fünf Menschen haben ihr Leben verloren, dabei wären die Umstände, sie zu retten, so günstig gewesen wie selten. Zumal sie nicht tief verschüttet waren und man sie hätte ausgraben können.

Das Angersteinmandl, eine markante Felsnadel am Gosaukamm im Dachsteingebirge. Drumherum verläuft die Angersteinrinne, ein beliebtes Areal für Langläufer.

Schönstes Winterwonderland: Und jetzt noch ein »Einkehrschwung« durch die verzuckerte Waldlandschaft, und schon kann man seine Skier abschnallen und sich den Schnee abklopfen. Und dann geht's rein in die warme Stube der Karhütte am Rossbrand (in 1720 m Höhe) gegenüber dem Dachstein.

KLETTERSTEIGE FÜR ALLE ANSPRÜCHE

DIE SATTELBERG-KLETTERSTEIGE

Der Klettersteigpark an der Nordseite des Sattelberges wurde vor allem für Familien mit Kindern und für Einsteiger angelegt. Die Zustiege sind kurz und der Abstieg über einen Natur- und Erlebnispfad sehr kurzweilig, auch für Erwachsene.

An den Familien-Klettersteigen am Sattelberg können Kinder und Jugendliche sich unter Anleitung im Klettern üben.

Der Kali-Klettersteig ist ideal für Anfänger, um die ersten Versuche am Felsen zu machen. Er erreicht auf der leichtesten Variante maximal den Schwierigkeitsgrad B, wobei beim sogenannten Gemsenturm auch kurze und steile Varianten bis C/D möglich sind. Diese sind aber nicht zwingend zu bewältigen und können leicht umgangen werden.

Die beiden parallel verlaufenden Klettersteige Kala und Kalo wurden eigens für Jugendliche gestaltet. Es handelt sich dabei um Touren, bei denen selbst Erwachsene ganz schön zupacken müssen. Den schwierigen Abschnitten kann notfalls über den Klettersteig Kali ausgewichen werden.

Der Heidi-Klettersteig begeistert mit einer attraktiven, etwas anspruchsvolleren Klettersteig-Variante, die nach einer luftigen Seilbrücke in den Mittelteil des Kala-Klettersteiges einmündet. Er ist für Kinder sehr anspruchsvoll.

SKALA DER SCHWIERIGKEITSGRADE

Für die Schwierigkeitsbewertung von Klettersteigen wird in Österreich die Buchstabenskala von A–E verwendet. A sind einfache, gesicherte Wege mit teilweise kurzen, exponierten Stellen. B (mäßig schwierig) beschreibt abschnittsweise steileres und ausgesetztes Felsgelände, senkrechte, längere Leitern und Tritte. Mit C (schwierig) sind steiles bis sehr steiles Felsgelände sowie ausgesetzte und kleintrittige Passagen gemeint. Ein sehr schwieriger Klettersteig D verläuft über senkrechtes, oft überhängendes und sehr ausgesetztes Gelände mit weit auseinanderliegenden Klammen. Hierfür sind große Armkraft und gute Steigtechnik nötig. E steht für extrem schwieriges, meist überhängendes Gelände, das auch extreme Anforderungen an Kraft und Moral stellt. Schwierigkeitsgrad E ist daher nur etwas für Klettersteig-Profis mit großer Erfahrung.

GJAIDSTEIN-KLETTERSTEIG AM DACHSTEINGLETSCHER

Sich in Sichtnähe zum Dachsteingletscher zu bewegen ist ein einmaliges Erlebnis, vor allem beim Klettersteiggehen. Schön, relativ einfach und gut abgesichert: der Gjaidstein-Steig.

Gjaidstein-Steig: ein verhältnismäßig einfach zu erklimmender Klettersteig, der überdies grandiose Blicke auf den Gletscher verspricht.

Schwierigkeit: A/B
Alter: ab 10 Jahren
Länge und Dauer: 170 Höhenmeter, 1 Std.
Zustieg: 10 Min.
Abstieg: 1,10 Std.
Beste Zeit: Juni bis Oktober

Dieser Gipfelanstieg führt zu einem der besten und schönsten Aussichtspunkte im Bereich der Dachstein-Südwandbahn. Der Klettersteig verläuft über den größtenteils wenig steilen Südkamm des Hohen Gjaidsteins (2794 m), wobei auch der Kleine Gjaidstein (2734 m) überschritten wird. Der Name soll sich übrigens vom altmundartlichen Ausdruck »Gjaid« ableiten, was so viel wie Jagd bedeutet. Funde legen nahe, dass das Gebiet vermutlich bereits zur Zeit der Römer zur Haltung von Nutztieren gedient hat.

Wegen des kurzen Zustiegs von der Bergstation der Gletscherbahn und der geringen technischen Schwierigkeiten ist der Gjaidstein-Klettersteig auch gut für Anfänger und Kinder geeignet. Von der Bergstation geht man nur rund zehn Minuten leicht bergab zum Gjaidsteinsattel, einem

GEFAHREN AM KLETTERSTEIG

Klettersteiggehen ist oft mehr Klettern als Bergsteigen. Zur Ausrüstung gehören Klettersteigset und Helm. Nässe, Schnee und Kälte erhöhen das Sturzrisiko, bei Regen besteht verstärkt Steinschlaggefahr. Die Sturzgefahr ist zwar durch die Seilsicherung minimiert, bei Gewitter jedoch sind Klettersteige besonders gefährlich, weil die Stahlseile die Blitze anziehen. Daher bei Gewitter nach Möglichkeit umkehren, Schutz suchen, sich vom Drahtseil entfernen und Ausrüstungsteile aus Metall ablegen.

etwa ein Kilometer langen Bergrücken. Nahe der kleinen Bergrettungshütte befindet sich der Einstieg zum Klettersteig. Zu beachten sind bei dieser Tour allerdings die alpine Höhenlage von knapp 3000 Metern Seehöhe und die exponierte Situation.

Immer beliebter werden die Klettersteige (Via Ferrata), die durch ihre Seilsicherung und Metallkrampen den Durchstieg schwieriger Felspassagen vereinfachen.

KLETTERSTEIGE HIAS, ROSINA UND SIEGA

Die Silberkarklamm ist eine romantische Wildwasserklamm im Herzen des Dachsteinmassivs. Hier warten gleich drei reizvolle Klettersteige auf leidenschaftliche Kraxler: Hias, Rosina und Siega.

Routinierte Klettersteiggeher absolvieren natürlich alle drei an einem Stück. Sportliche Geher nehmen den Wanderweg durch die Klamm. Den Auftakt macht Hias, ein sportlicher Klettersteig in Talnähe. Er ist zwar nicht sehr lang, aber dafür knackig und erfordert eine gute Kondition. Die landschaftlichen Gegebenheiten wurden für den Steig ebenfalls optimal genutzt: Zwei schöne Seilbrücken und einige steilere Wandstellen sind ein tolles Ergebnis.

Schwierigkeitsgrad: C bis D
Alter: ab 12 Jahren
Länge und Dauer: 120 Höhenmeter, 50 Min.
Zustieg: 15 Min.
Abstieg: 30 Min.
Beste Zeit: Mitte Mai bis Oktober

Rosina ist der anspruchsvollste im Klettersteig-Trio. Erbauer Hans Prugger hat hier gemeinsam mit dem Besitzer der Klamm, Herwig Erlbacher, 2014 ein vertikales Meisterwerk geschaffen, das von der Seilbrücke am Einstieg ohne Unterlass kerzengerade hinaufführt. Da es weder Gehpassagen noch Rastmöglichkeiten gibt, verlangt Rosina viel Kraft in den Armen. Achtung: Wer mit Hias schon Schwierigkeiten hatte, sollte sich keinesfalls an Rosina heranwagen.

Schwierigkeitsgrad: D
Alter: ab 14 Jahren
Länge und Dauer: 130 Höhenmeter, 2 Std.
Zustieg/Abstieg: 20 Min./50 Min.
Beste Zeit: Mitte Mai bis Oktober

Der Siega-Klettersteig oberhalb der Silberkarhütte führt über 260 Meter Stahlseil und zahlreiche Trittstifte durch die Karwand. Er ist zwar der leichteste, aber durch seinen längeren Zu- und Abstieg trotzdem der längste Klettersteig in der Silberkarklamm. Auf Seilbrücken und andere Gestaltungselemente wurde verzichtet, die erste Hälfte des Steiges hat aber steile und ausgsetzte Passagen zu bieten.

Schwierigkeitsgrad: C/D
Alter: ab 12 Jahren
Länge und Dauer: 150 Höhenmeter, 50 Min.
Zustieg/Abstieg: je 1 Std.
Beste Zeit: Juni bis Oktober

Das Silberkar, bei Berg- und Naturfreunden sehr beliebt, hat immer wieder viele Naturgewalten (Lawinen, Muren, Steinschlag, Überschwemmungen) über sich ergehen lassen müssen.

NATURGEWALTEN IM SILBERKAR

Silberkarhütte (auf 1250 m Höhe) und die wildromantische Silberkarklamm mit ihren beiden Wasserfällen (Torbachfall und Schleierfall) im Herzen des Dachsteinmassivs sind ein beliebtes Ausflugsziel für Wanderer und Bergfreunde. Die Gegend war auch immer wieder Schauplatz von Naturgewalten. 1938 vermurte ein großes Unwetter den gesamten Talgrund des Silberkars, zerstörte die Klamm, riss große Teile der unterhalb liegenden Lodenwalke mit sich und schwemmte die gelagerte Wolle bis in den Ennsboden. Bis heute zerstören regelmäßig Stein- und Schneelawinen im Winter die Steige in der Klamm. Im Vorwinter 1998 riss ein Felssturz den kompletten oberen Teil der Stege und Brücken fort. Den größten Schaden an der Silberkarhütte aber richtete eine Schneelawine im Februar 1999 an. Die Eintrittsgebühr, die für die Silberkarklamm erhoben wird, fließt übrigens zum Großteil in die Erhaltung der Anlagen. Die Silberkarklamm ist die einzige private Klamm in Österreich.

DER DACHSTEIN. IMMER ANDERS. IMMER IMPOSANT.

Wie der Name schon sagt, er ist das Dach, und das Dach ist ganz oben. Und so thront das Dachsteingebirge steil und markant in der Landschaft. Von welcher Seite man sich ihm auch nähert, sein Anblick ist stets anders.

Im Norden das oberösterreichische Salzkammergut mit der UNESCO-Weltkulturerbe-Region Hallstadt. Am Fuß der sonnigen Südhänge die steirische Ramsau mit ihren grünen Wiesen und den verstreuten Bauernhöfen. In seinen östlichen Ausläufern geht es sehr ruhig und einsam zu. Kemetgebirge nennt sich diese eher unbekannte Dachsteinregion. Rund 30 Kilometer westlich markiert die Bischofsmütze im salzburgischen Lammertal das entgegengesetzte Ende des Gebirgsstocks. Dazwischen wechseln auf 772 Quadratkilometern gewaltige Felswände und wilde Gletscher mit einsamen Karstflächen und sanften Almen ab.

Der Dachstein hat die Form eines Doppelgipfels. Mit seinen 2995 Metern überragt der Hohe Dachstein seinen Nachbarn, den Niederen Dachstein, um exakt 61 Meter. Ganz so genau hat man es mit der Höhe des Berges nicht immer genommen, lange Zeit haben ihn Fremdenverkehrsprospekte und Ansichtskarten als Dreitausender angepriesen. Sei es drum, ein paar Meter hin oder her, dieses gewaltige Bergmassiv ist der perfekte Hauptdarsteller unserer Serie. Er ist archaisch, mächtig und unglaublich schön, aber auch Ehrfurcht einflößend.

ES WAR EINMAL ...

Die Geschichte der Alpen und des Dachsteinmassivs begann vor mehr als 250 Millionen Jahren, mit der Austrocknung eines Meeresbeckens und dem Verschieben und Auffalten der Erdkruste. Während der Kaltzeiten des Eiszeitalters formten die Dachsteingletscher die Landschaft des Salzkammergutes und des Ennstales. In der Gipfelregion sind bis heute Gletscher vorhanden, von denen der Hallstätter Gletscher der größte ist. Sie zählen zu den östlichsten der gesamten Alpen. Aber die kontinuierliche Klimaerwärmung nagt an ihnen, lässt sie immer mehr schwinden. Der Torsteingletscher, der Edelgrießgletscher und die Schneefelder in der Dachstein Südwand sind bereits weitestgehend verschwunden und nur mehr mit Schutt bedeckte Toteisreste.

Der Dachstein ist ein Karstgebirge aus typischem Dachsteinkalk mit Rinnen und trichterförmigen

Senken, sogenannte Dolinen. Durch sie gelangen Regen- und Schmelzwasser von der Oberfläche in die zahlreichen Risse, Spalten und Fugen des Untergrundes. Unter Mitwirkung des im Wasser enthaltenen Kohlendioxids wird der Kalkstein sowohl an der Oberfläche als auch im Untergrund des Gebirgsstocks gelöst. Höhlensysteme durchziehen das Gestein. Seit Anfang des 20. Jahrhunderts werden sie wissenschaftlich erforscht. Die Mammut-, die Rieseneis- und die Koppenbrüllerhöhle sind teilweise touristisch zugänglich. Die Koppenbrüllerhöhle liegt im Gemeindegebiet von Obertraun im oberösterreichischen Teil des Salzkammergutes. Nach starken Regenfällen strömen große Wassermengen aus der Höhle, was sich anhört, als würde der Berg brüllen, daher der Name. Diese Höhle war auch schon Drehort für »Die Bergretter«.

HOCH HINAUS

Alpinisten entdeckten den Dachstein Mitte des 19. Jahrhunderts, als Bergsteigen mehr und mehr zum Selbstzweck wurde. Die Menschen begannen leidenschaftlich in die Berge zu ziehen, sie steckten sich hohe Ziele, wollten über sich selbst hinauswachsen. Das macht bis heute für viele Alpinisten den Reiz aus. Mitten im Juli des Jahres 1834 stand Peter Karl Thurwieser als Erster ganz oben auf dem Hohen Dachstein. 1843 errichtete Friedrich Simony mit dem Randkluftsteig auf den Gipfel so etwas wie den ersten Klettersteig der Welt. Das Durchklettern der Südwand gelang 1909 erstmals den Ramsauer Brüdern Irg (von Georg) und Franz Steiner. Ihre anspruchsvolle Route ist bekannt als Steinerweg und darf bis heute im Tourenbuch ehrgeiziger Kletterer nicht fehlen. Mit der Dachstein-Südwandbahn können

Vorderer Gosausee. Der grün schimmernde Bergsee blickt zu zwei alpinen Sehnsuchtsorten auf: Hoher Dachstein und Mitterspitz.

seit 1969 auch Nicht-Bergsteiger den Dachstein mühelos erobern. Zehn Minuten Fahrt, und man steht in einer völlig anderen Welt.

MYTHEN, MÄRCHEN, MAGIE

Für mich ist der Dachstein nicht nur alpinistisch ein Anziehungs-, sondern auch ein besonderer Energiepunkt, was man vielen Bergen nachsagt. Aber er hat tatsächlich etwas Magisches, nicht nur wenn Nebelfelder über das riesige Karstplateau

Drohende Gewitterwolken, wabernde Nebelschleier, heftiger Wind und plötzlicher Kälteeinbruch. Jetzt möchte niemand mehr am Berg sein.

ziehen und der Wind heult. Im östlichen Kemetgebirge gibt es geheimnisvolle Felsritzungen. Die ältesten dieser Zeichnungen hat man auf das 9. Jahrhundert datiert. Es wird vermutet, dass es sich dabei um Botschaften handelt, die sich Säumer, Almer, Jäger, vielleicht auch Schmuggler oder Wilderer haben zukommen lassen.

Außerdem ranken sich manche Mythen um das Dachsteinmassiv, wie die Legende »Der tote Schnee«, und die erzählt man sich so: Auf dem Dachstein gibt es unter dem ewigen Eis verwunschene Almen, darunter auch eine der einst üppigsten Alpenweiden weit und breit. Das Gras soll dort üppig und fett gewachsen sein, sodass die Kühe ganz hervorragende Milch gaben. Die Sennerin kam mit der Arbeit und dem Melken gar nicht mehr hinterher. Also beschäftigte sie flinke Mägde, die ihr beim Vieh und bei der Verarbeitung der Milch halfen. In rauen Mengen stellten sie Butter und Schmalz, Käse und Schotten (ein topfenähnlicher Käse) her. Aber wie es so ist, Reichtum macht übermütig, gierig und geizig. Als ein starkes Gewitter über dem Dachstein niederging, die angeschwollenen Wildbäche sämtliche Brücken hinwegrissen und die Mägde die Sennerin anflehten, Holzfäller herbeizurufen, um sie wieder aufzubauen, winkte diese ab. Statt für Holz zu zahlen, errichtete sie Brücken aus bestem Käse und Schotten. Den hatte sie ja im Überfluss. Als der letzte Steg fertig wurde, ereilte die Senne-

Naturschauspiel: Himmel und Berge und Wolken als Dritte im Bunde. Bei diesem Anblick glaubt man, die unendliche Energie dieser magischen Verbindung spüren zu können.

rin die Strafe des Himmels, weil sie die herrlichen Gottesgaben sündhaft vergeudet hatte. Die Brücken schmolzen davon. Seitdem bedeckt ewiger Schnee die einst so saftigen Almweiden.

DIE EWIGKEIT VOR AUGEN

Es gibt keinen Tag, an dem ich mir der Anwesenheit dieses kraftvollen Gebirges nicht bewusst bin, an dem ich nicht hochblicke zum majestätischen Dachstein und mir denke: Wahnsinn! Wenn er sich manchmal tagelang versteckt und man ihn nicht sieht, und dann blitzt auf einmal die Spitze des Hohen Dachsteins aus den Wolken hervor, das ist wie ein Geschenk.

Der Dachstein ist immer da und war immer schon da. Und er wird auch noch da sein, wenn wir längst gegangen sind. Das mag für manchen beängstigend klingen, für mich hat es etwas sehr Tröstliches.

Eben ist der Rettungs-Heli auf dem verschneiten Hochplateau gelandet. Equipment und Requisiten sind an Ort und Stelle, Schauspieler und Kamerateam auch: Der Dreh kann beginnen.

BLICK HINTER DIE KULISSEN

VON DER IDEE ZUM FILM

Auf dem Bildschirm wirkt alles immer ganz natürlich. Doch wie werden diese spannenden, dramatischen Ereignisse, die hoch droben auf dem Berg spielen, filmisch umgesetzt? Ein Blick hinter die Kulissen.

»Die Bergretter« (damals noch »Die Bergwacht«) hatten ihre Staffelpremiere im November 2009 im ZDF. Die erste Folge trug den Titel »Das Versprechen«. Die Handlung: Extremkletterer Andreas Marthaler, gespielt von Martin Gruber, kehrt nach drei Jahren zum ersten Mal wieder in seine Heimat Ramsau zurück. Er ist als Trauzeuge bei der Hochzeit seines besten Freundes Stefan eingeladen. Bei einer gemeinsamen Klettertour stürzt Stefan tödlich ab. Andreas gibt dem Sterbenden das Versprechen, auf seine Frau Emilie und die Kinder aufzupassen. Andreas bleibt in Ramsau und übernimmt später die Leitung der Bergrettung.

SO FUNKTIONIERT FILM

Die ersten Folgen waren damals 45-minütige Episoden, die noch unter dem Titel »Die Bergwacht« liefen. 2010 wurde die Serie in »Die Bergretter« umbenannt. Mit der Produktion war von Anfang an die ndF, die neue deutsche Filmgesellschaft mit Sitz in Unterföhring, beauftragt. Jochen Zachay, Produzent bei der ndF, begleitet derzeit den gesamten Entstehungsprozess jeder Staffel: »Wir zeigen ein schönes Alpen-Melodram, das zugleich spannend ist. Unsere Themen kommen aus der Mitte der Gesellschaft, die Charaktere sind bodenständig. Bei den ›Bergrettern‹ gibt es keine Kunstfiguren und keine Multimilliardärs-Probleme, sondern wir greifen die normalen, alltäglichen Sorgen der Menschen auf. Die sind in der Dramatik zwar überhöht, aber so funktioniert Film.«

Die Herausforderung für die »Bergretter«-Drehbuchautoren liegt darin, eine Episode so anzulegen, dass Serienheld Markus Kofler in die Handlung verwickelt wird und dass er am Ausgang der Geschichte maßgeblich beteiligt ist. Das Eingreifen des Bergretters muss das Leben der Figuren auf eine wie auch immer geartete Art und Weise verändern. Gleichzeitig müssen sämtliche Handlungswege plausibel sein. »Das ist mitunter die große Kunst, an der sich schon einige Drehbuchautoren die Zähne ausgebissen haben«, weiß Zachay. Die ndF hat einen Pool von

Es geht ganz schön turbulent zu, wenn nahezu die gesamte Crew vor Ort ist: Schauspieler, Kameraleute, Tontechniker, Produzent, Regisseur, Presseleute …

Dreharbeiten im Kaunertal mit Skidoo und Skiläufer. Von Filmleuten wird das Tal geschätzt, weil es eine ideale Location für hochalpine Motive ist.

vier bis fünf festen »Bergretter«-Autoren, allen voran Head-Autorin Christiane Rousseau, die die Zungenschläge und den Sprachgebrauch der »Bergretter«-Hauptfiguren perfekt beherrscht. Denn Sätze kann man auf ganz unterschiedliche Art und Weise sagen. Markus Kofler drückt sich ungekünstelt und natürlich aus, während Pilot Michi Sprüche von sich gibt, die nur ein Michi so sagt. Auftraggeber und Produktionsfirma geben dem Autorenteam lediglich die horizontalen Erzählstränge vor, die über die gesamte Serie hinweg angelegt sind: Was passiert mit Markus und Katharina? Was mit Tobi und Emilie? Wie geht es mit dem Herbrechter-Clan weiter? Jochen Zachay: »Die horizontalen Erzählstränge sind das Erste, was wir bei der Entwicklung jeder neuen Staffel entwerfen. Sie werden dann in Portionen auf die Folgen verteilt und müssen so eingearbeitet werden, dass die Anschlüsse jeweils passen. Ansonsten haben die Autoren für ihre Episoden sehr viel Gestaltungsspielraum. Die Autoren sind in erster Linie angehalten, schöne, dramatische Episodengeschichten zu erfinden, in deren Welt die Zuschauer gerne eintauchen. Die Aktion ist zwar ein wichtiges Element – und natürlich will man sich nicht allzu oft wiederholen, aber die Triebkraft einer Folge ist das Drama.«

DIE VORBEREITUNGEN

Sobald die Drehbücher vorliegen und auch vom ZDF abgesegnet sind, geht es in die Vorbereitungen für den Filmdreh. Anspruchsvolle Szenen wie beispielsweise der Absturz eines Paragliders oder der Brand eines Cannabisfeldes erfordern im Vorfeld reichlich Planung, und es müssen die dafür geeigneten Locations gefunden werden. Die Motivsuche ist ein zentrales Element, mit ihr steht und fällt der Dreh. »Bergretter«-erfahrene ndF-Mitarbeiter kümmern sich darum. Sie kennen sich in und um Ramsau mittlerweile sehr gut aus und wissen genau, was für die technische Umsetzung einer Szene notwendig ist. An vorderster Front sind das Regie und Produktion, aber auch das Szenenbild und die Baubühne. »Wenn es um schwierige Actionmotive geht, werden sie dabei von Heri Eisl unterstützt. Wenn der Heri sagt, das ist nicht safe, gibt es keine Diskussion. Sobald etwas nicht sicher machbar ist, fliegt es sofort vom Tisch. In Staffel 16 hätten wir laut Drehbuch eine Gumpe gebraucht, in der sich jemand unter Wasser mit dem Fuß verkeilt und zu ertrinken droht. Dafür hätte die Gumpe aber eine gewisse Größe und Tiefe haben müssen, und die ließ sich nun mal nicht herzaubern. Das Motiv musste also umgeschrieben werden«, so Zachay. In einer anderen Folge war ein See ein zentrales Motiv. Der Regie hätte als Drehort der Riesachsee in den Schladminger Tauern am besten gefallen, aber dort herrscht nun mal Flugverbot. Also wurden alle Handlungen, die am Boden spielen, und Panoramabilder am Riesachsee aufgenommen. Für die Szene, in der das Markus-Kofler-Double aus dem Hubschrauber springt, sind wir an den Salza-Stausee bei Bad Mittendorf ausgewichen. Die Kameraposition wurde so gewählt, dass sie möglichst wenig darüber verrät, wo man sich befindet. Jemand, der sich vor Ort auskennt, durchschaut das natürlich. Beim Film ist so etwas aber ganz normal: Man geht bei einem Haus vorne rein und kommt hinten ganz woanders raus. Oder: Innen- und Außenaufnahmen werden an unterschiedlichen Stätten gedreht.

> »Wenn der Heri sagt, das ist nicht safe, gibt es keine Diskussion.«

MAGIE UND FEENSTAUB

Um einige Motivvorgaben erfüllen zu können, hat das »Bergretter«-Team hinter der Kamera längst ein hohes, kreatives Level erreicht. Es ist in der Lage, die Dinge mit begrenzten Mitteln täuschend echt aussehen zu lassen. Wenn beispielsweise Bergführer Mathias Ragg mit seinem Team im Kaunertal für den Filmdreh ein künstliches Schneebrett anlegt, das sich exakt in dem Moment löst, wo ein Skidoo den Berg hochfährt und oben stehen bleibt. »Man kann schließlich nicht darauf warten, dass so etwas tatsächlich passiert, und das wäre auch viel zu gefährlich. Also haben

EINE RUNDE SACHE

Das ZDF ist der Auftraggeber der Produktion und somit in alle Entscheidungen und Phasen des Drehs und der Vorbereitung eingebunden. Das geht bei der Ideenfindung für die Geschichten los und endet mit der Abnahme der fertig geschnittenen Folgen. Aber Film ist nicht nur beim Dreh vor Ort immer Teamarbeit. Auch hier findet eine enge und kreative Zusammenarbeit mit Produktion und Redaktion statt. Produzent Jochen Zachay und Redakteur Thorsten Ritsch entwickeln zusammen mit den Autoren die Drehbücher und entscheiden gemeinsam, wann ein Buch fertig für die Weitergabe an die entsprechenden Abteilungen ist. Da kommen schon mal gerne vier bis sechs oder mehr Drehbuchfassungen zusammen. Gemeinsam beschließen sie dann, wer bei den Folgen Regie führt.

Es gibt einen Pool an festen Regisseuren, aber es kommen auch immer wieder neue hinzu. Mit Casting-Abteilung und Regie wird abgestimmt, welche Schauspieler für die entsprechenden Episodenrollen besetzt werden sollen. Während des Drehs bekommt die Redaktion täglich die Tagesmuster geschickt – die Muster sind das gesamte Material, das an einem Drehtag aufgenommen wurde. Die Muster sind die Möglichkeit für die Redaktion, direkt kritische oder positive Anmerkungen zu machen. Zu allem, was zu sehen ist, über das Spiel der Schauspieler, die Inszenierung bis hin zu Kostüm, Maske oder Ausstattung. Somit hat die Redaktion Einfluss auf jede Phase der Entstehung des Projekts. Am Ende ist sie auch für das Ergebnis verantwortlich, das den Zuschauern präsentiert wird.

die Männer eine Fläche von fast 200 Quadratmetern ausgeschaufelt, ein Fleece eingelegt, mit Seilen verknüpft und dann wieder alles zugeschaufelt. Der Neuschnee, der die nächsten Tage fiel, hat alles verdeckt. Als das Team dann am Drehtag hochfuhr, hatte es genau einen Schuss. Ein Pistengerät hat an den Seilen angezogen, es entstand ein Riss, und das Schneebrett ging ab. Es war zwar eine Mordsarbeit, aber die Mittel waren verhältnismäßig einfach und der Effekt riesig«, erinnert sich Zachay. Oder wenn für Unterwasserszenen, die in einem gefrorenen See spielen, aber im Container auf einem Parkplatz gedreht werden, eine künstliche Eisfläche so dargestellt werden kann, dass sogar erfahrene Kameraleute das Kunsteis nicht als solches erkennen, ist das ein Ritterschlag für die Baubühne und das Szenenbild. Produzent Zachay nennt sie deswegen auch die Abteilung »Magie und Feenstaub«.

Dass 2025 schon die 17. Staffel gedreht wird, ist ein Riesenerfolg. Die besten Einschaltquoten gab es für Staffel 15. »Man wohnt ja nicht im Kopf vom Zuschauer. Man kann nur versuchen, ihm etwas anzubieten, wo er andocken kann, und das versuchen wir, so gut wie möglich zu machen. Manchmal beneiden wir schon die Kollegen beim ›Bergdoktor‹, der auch von der ndF produziert wird. Dort wird weit mehr indoor gedreht, und es muss aufgrund der Witterung nicht so viel verschoben werden; die Kollegen drehen ja auch draußen, aber halt nicht ganz so viel. Bei uns brauchen wir Mitarbeiter, die gern draußen sind, und die haben wir zum Glück. Umso schwieriger es wird, desto enger rückt unser Team zusammen, weil alle Bock drauf haben«, betont Jochen Zachay voller Stolz.

»Man wohnt ja nicht im Kopf vom Zuschauer.«

Bei Szenen im Wasser tragen die Schauspieler unter ihrer Kleidung noch einen dünnen Neoprenanzug. Schließlich müssen Szenen oft wiederholt werden, und Berggewässer sind bekanntlich eiskalt.

DIE BERGRETTUNG – ALLZEIT BEREIT

Wie wird man Bergführer? Wenn man wie Heri Eisl in den Alpen zu Hause ist, gern und viel kraxelt und das zu einer Zeit, wo der Tourismus am Berg boomt, sind die Voraussetzungen ideal.

Dass ich Bergführer und Bergretter wurde, habe ich Albert Prugger Senior zu verdanken. Es waren die 1970er-Jahre, als der touristische Betrieb auf dem Dachstein stetig zunahm. 1969 hatte die Dachstein-Südwandbahn eröffnet, und die Seilbahn machte es jedem möglich, schnell nach oben in die Gletscherregion zu kommen. Albert war einer von zwei Bergführern in Ramsau und brauchte Unterstützung. Also warb er junge Burschen aus dem Ort an, von denen er wusste, dass sie viel in den Bergen unterwegs sind, sommers wie winters, und sich sowohl im Felsen als auch auf den Skiern sicher bewegen. Er nahm uns als Begleitung mit, so haben wir das Bergführen von der Pike auf gelernt. Albert war unser Lehrmeister und ein großes Vorbild. Und weil er zugleich ein sehr erfahrener Einsatzleiter bei der Bergrettung Ramsau war, begeisterte er uns auch dafür. Es war 1978, und ich gerade mal 19 Jahre alt, als ich zur Bergrettung ging. Meine Eltern waren geschieden, was zu der damaligen Zeit eine Seltenheit war. Ich bin mit meinen Geschwistern bei meiner Mutter aufgewachsen. Sie ging arbeiten – ebenfalls untypisch in den 1970er-Jahren. Auch wenn wir nie viel Geld hatten, hat sie uns eine sehr schöne Kindheit ermöglicht. Zu meinem Vater hatte ich wenig Kontakt, aber er war ebenfalls Bergführer und mehr als ein Jahrzehnt Ortsstellenleiter der Bergrettung Ramsau.

ANFÄNGE DER BERGRETTUNG

Die Ursprünge der Bergrettung im Alpenraum gehen bis ins 12. Jahrhundert zurück. Damals gründeten Augustiner Chorherren auf dem Gebirgspass Großer Sankt Bernhard im schweizerischen Wallis auf knapp 2500 Metern eine Herberge. Sie bot Reisenden eine sichere Unterkunft. Jahrhundertelang eilten die Ordensbrüder auch Erschöpften, Verletzten und Verirrten zu Hilfe. Als im 19. Jahrhundert der Tourismus im Alpenraum stark zunahm und das Bergsteigen richtig populär wurde, kam es überall immer wieder zu schweren und tödlichen Unfällen. Im Jahr 1879 soll nördlich des Torsteingipfels ein 19-jähriger Student ums Leben gekommen sein. Er war vermutlich das erste Opfer eines touristischen Bergunfalls am Dachstein.

In der Chronik »50 Jahre Österreichischer Bergrettungsdienst in der Dachstein-Tauern-Region« haben unsere Bergretterkollegen Toni Breitfuss und Norbert Schrempf viele wichtige Daten zur Entstehung des Rettungswesens in unserer Region zusammengetragen: 1902 gründete die Alpenvereinssektion Schladming auf Anweisung des Deutschen und Österreichischen Alpenvereins in unserer Region eine sogenannte Alpine Rettungsstelle. Zu einer besonders dramatischen Rettungsaktion kam es im August 1928 am Steinerweg in der Dachstein Südwand, die schon damals weit über die Grenzen hinaus Aufsehen erregte. Sieben Kletterer wurden beim Aufstieg von sturzbachartigem Gewitterregen und einsetzendem Schneefall überrascht und mussten drei, einer sogar vier Nächte in der vereisten Wand ausharren, bis die Retter eintrafen. Zwei Männer verloren dabei ihr Leben. Bis heute wird die Südwand Alpinisten immer wieder zum Verhängnis.

Ein Gipfelkreuz ist eine Tradition, die bis ins 18. Jahrhundert zurückreicht – hier das Gipfelkreuz auf dem Hohen Dachstein. In Österreich gibt es rund 4000 solcher religiösen Symbole, mit denen man um göttlichen Beistand am Berg bittet.

Nach dem Zweiten Weltkrieg wurde das Alpine Rettungswesen schließlich vom Alpenverein ausgegliedert und mit dem Aufbau des unabhängigen Österreichischen Bergrettungsdienstes begonnen. 1947 bekam Ramsau eine eigene Bergrettungs-Ortsstelle, die ich von 1995 bis Frühjahr 2024 leiten durfte.

Im Laufe der Jahrzehnte haben sich die Rettungsausrüstung und die Technik der Bergrettung stark weiterentwickelt. Früher zog man lediglich mit Seil und Pickel los, um Verunglückte zu bergen. Heute stehen der Bergrettung geländegängige Fahrzeuge zur Verfügung, vollgeladen mit Equipment: Trage, Bergesäcke, medizinische Notfallausrüstung, Funk und vieles mehr. Wenn heute jemand abstürzt, kann er fast immer gerettet werden. Früher war das nicht so einfach. Einsatzkräfte brauchten um ein Vielfaches länger, um zum Verletzten zu gelangen, sie mussten zu Fuß los, statt mit dem Auto oder seit Ende der 1950er-Jahre sogar mit dem Hubschrauber.

BERGRETTUNG – EIN EHRENAMT

In Österreich gibt es um die 13 000 Bergretter, die 365 Tage im Jahr, rund um die Uhr, bei jedem Wetter und unentgeltlich ausrücken, um im alpinen Gelände Hilfe zu leisten. Beim Österreichischen Bergrettungsdienst gibt es nur ein paar Angestellte, die sich hauptsächlich um administrative Angelegenheiten kümmern, darunter der Geschäftsführer. Die Ausbildung zum Bergretter ist in allen sieben Landesorganisationen unterschiedlich geregelt. In der Steiermark startet sie bereits mit der Mitarbeit als Anwärter in der jeweiligen Ortsstelle. Nach einem Probejahr und einem Aufnahmetest absolviert man dann in einem Zeitraum von einem Jahr Sommer- und Winterkurse mit den jeweiligen Prüfungen. Zusätzlich muss man eine erweiterte Ausbildung in Erster Hilfe sowie den Grundlagen der Alpinmedizin nachweisen. Nach Abschluss der Grundausbildung ist man vollwertiges Mitglied der Steirischen Bergrettung.

TEAMGEIST – DAS HÖCHSTE GUT

In den Bergen zählt jeder Moment, Teamgeist ist unser größtes Kapital. Bei jedem Rettungseinsatz verlassen wir uns auf gegenseitige Hilfe und Zusammenarbeit. In Ramsau haben wir insgesamt sieben Einsatzleiter. Unser Haupteinsatzleiter war von 1995 bis 2024 Api Prugger. Er ist wie ich zugleich Flugretter und Bergführer. Als solcher ist unser Arbeitsplatz von jeher der Berg, was uns in unserer Rettungsfunktion sehr zugutekommt. Api und ich waren seit 1995 gemeinsam im Vorstand der Ortsstelle Ramsau. Wir haben dort 52 Mitglieder, von denen circa 40 im aktiven Dienst sind. Die anderen sind Alt-Mitglieder oder in Ausbildung. Laut Satzung darf eine Führungsfunktion nur bis zum 65. Lebensjahr ausgeübt werden. Darum habe ich im Frühjahr 2024

Bergretter und -führer Heri Eisl: »Einen Berg kann man besteigen, aber niemals bezwingen.«

die Funktion als Obmann abgegeben. Bin aber natürlich immer noch Mitglied in der Bergrettung Ramsau. Einmal Bergretter, immer Bergretter.

Zur Bergrettungsfamilie gehören auch die Partner. Wenn wir ausrücken, sitzen immer Menschen zu Hause, die hoffen, dass wir gesund zurückkehren. Wir wissen genau, was unser Ehrenamt für den Rest der Familie bedeutet, und schätzen es sehr, dass sie uns den Rücken freihalten. Jeder von uns wird für einen Einsatz aus seinem normalen Leben geholt. Bei der Flugrettung gilt: Sobald wir in der Luft sind, sind wir in Gefahr. Aber auch die normale Bergrettung findet nicht nur auf der grünen Wiese statt. Die Gefahr ist immer da. Deswegen nehmen wir alle Schulungen, Übungen und Weiterbildungen sehr ernst. Durch Albert Prugger Senior bin ich zur Bergrettung gekommen – und einer meiner tragischsten Einsätze betrifft ihn selbst. Er ist im Juli 2009 mit über 70 Jahren an einem Klettersteig in der Silberkarklamm abgestürzt. Ich hatte an dem Tag Flugrettungsdienst. Als die Notärztin und ich bei ihm eintrafen, hat er noch gelebt. Aber er hatte schwere Verletzungen am Kopf und war nur bedingt ansprechbar. Wir haben ihn zum Krankenhaus in Schladming geflogen, wo man leider nichts mehr für ihn tun konnte. Das war ein schwerer Schlag. Als Bergrettungsobmann war es damals meine Aufgabe, die Grabrede zu halten, das war für mich wirklich hart. Auch wenn sein Sohn Api immer schon gesagt hat: »Im Bett stirbt mein Vater sicher nicht«; es war einfach zu früh, auf Albert hätten noch so viele Touren gewartet. Anlässlich einer Dachstein-Gratbeleuchtung haben wir am Torstein, dem zweithöchsten Berg im Dachsteingebirge (2498 m), diesen Gedenkspruch von ihm angebracht:

Wahrhaft Kameradschaft
Allzeit bereit
Retten in Not
Oberst Gebot
Was immer sie geben
Ihr Einsatz das Leben

»Altes Eisen« heißt die Folge in Staffel 14, in der die Geologin Tabea Gollini (li., dargestellt von Anke Sevenich) und der Mann ihrer verstorbenen Freundin zu einer Messung ins Tal aufbrechen. Unterwegs geraten sie in einen Streit, der fatale Folgen hat und die Bergretter auf den Plan ruft.

RETTUNG AUS DER LUFT

HILFE VON OBEN

Als Bergsteiger hat man die Gewissheit, im Notfall rasch geborgen und medizinisch versorgt zu werden. Der Notarzthubschrauber ist in der heutigen Zeit nicht mehr wegzudenken.

Für viele Bergsteiger ist der Notarzt-Heli eine Selbstverständlichkeit. Bei der TV-Serie »Die Bergretter« verschmelzen die bodengebundene Bergrettung und die Flugrettung, in der Realität sind sie getrennt. Bei Einsätzen arbeiten sie aber sehr wohl zusammen.

Nachdem ich 1978 zur Bergrettung ging, habe ich 1984 auch die Flugrettungsausbildung absolviert, wieder gemeinsam mit meinem Kollegen Api Prugger. Uns hat damals immer fasziniert, wenn bei Bergrettungseinsätzen der Hubschrauber mitalarmiert wurde. Flugrettung war für uns sozusagen noch mal eine Steigerung.

Zur damaligen Zeit lief die Flugrettung in Österreich noch über das Bundesheer. Der nächste Stützpunkt von Ramsau aus war der Fliegerhorst in Aigen im Ennstal. Wurde ein Hubschrauber benötigt, wurde das Bundesheer verständigt. Es flog die Einsätze mit einem Hubschrauber vom Typ »Alouette 3«, ausgestattet mit einer Seilwinde. Nur für den Wochenenddienst sind zusätzlich zivile Flugretter eingesetzt worden.

MIT AN BORD: EIN HEILIGER

1986 hat das Bundesheer dann einen fixen Rettungshubschrauber in Aigen stationiert, einen »Christoph«. Der heilige Christophorus, einer der 14 Nothelfer, ist bekanntlich der Schutzheilige der Reisenden. Dieser Heli war die ganze Woche über im Einsatz. An Bord waren neben dem Piloten noch ein Bordtechniker, der gleichzeitig den Notfallsanitäter-Part innehatte, sowie ein Notarzt. Wenn es in die Berge ging, war der Flugretter als vierter Mann dabei. Bei einem Straßenunfall oder einem Herzinfarkt blieb er am Stützpunkt. Unter der Woche war der Flugretter ein Mitglied des Bundesheeres, am Wochenende war es ein ziviler Flugretter aus den Kreisen der Bergrettung. Aus der Ramsau waren das Api Prugger und ich.

Alle sind startklar und bereit für neue Einsätze: die »Berg-retter«-Crew vor dem Nothubschrauber »Christophorus 14« (v. l. n. r.: Tobi Herbrechter, Katharina Strasser, Markus Kofler und Pilot Michi Dörfler)

Ein wagemutiges Unterfangen: Flugrettung nahe der »Treppe ins Nichts«. Da kommt es auf Fingerspitzengefühl des Piloten an.

2001 zog sich das Bundesheer komplett aus der Flugrettung zurück, sie wird heute größtenteils vom ÖAMTC (Österreichischer Automobil-, Motorrad- und Touring Club) bzw. dem von ihm gegründeten gemeinnützigen Christophorus Flugrettungsverein betrieben. Als sich damals diese Entwicklung abzeichnete, war das für uns zivile Flugretter eine große Aufwertung, ein Upgrade sozusagen, weil wir seitdem die Funktion des Co-Piloten übernehmen und eine Notfallsanitäter-Ausbildung bekommen haben. Einen Bordtechniker gibt es bei dem heutigen Hubschraubertyp nicht mehr. Vorne rechts in der Maschine sitzt der Pilot, links daneben der Flugretter und hinten der Notarzt. Die Flugrettung des ÖAMTC ist absolut vorbildhaft. Wir bekommen sehr viele Schulungen und Weiterbildungen, sowohl was Berge-, als auch Flugtechnik betrifft. Bei unserer »EC-135«-Helionix sind wir Flugretter sogar in der Lage, den Hubschrauber mithilfe des Autopiloten landen zu können.

Im Juli 2001 wurde der Flugrettungsstützpunkt »C14« in Niederöblarn eröffnet. Er ist 34 Kilometer von Ramsau entfernt. Das erste Jahr waren wir dort noch in Containern untergebracht, parallel wurde der Hangar gebaut und vor einigen Jahren um eine zweite Halle erweitert.

An diesem Stützpunkt werden auch alle Filmeinstellungen für »Die Bergretter« gedreht.

TAG UND NACHT IM DIENST

Seit Oktober 2022 bietet die Flugrettung Niederöblarn einen Tag- und Nachtbetrieb, ist also 24 Stunden rund um die Uhr, das ganze Jahr über verfügbar. Früher begann der Dienst um 7 Uhr morgens und ging bis ca. eine Stunde nach Sonnenuntergang. In Niederöblarn stehen der »Christophorus 14« sowie der »Christophorus 99« parat. Diese zweite Maschine war ursprünglich nur als notärztliche Unterstützung in den Wintermonaten gedacht, fliegt jetzt aber auch in den Sommermonaten Rettungseinsätze. Das Team aus Pilot, Notarzt und Flugretter ist circa eine Stunde vor Schichtbeginn am Stützpunkt. Mindestens eine halbe Stunde brauchen wir, um das ganze Material durchzugehen und zu checken. Ich als Flugretter habe mich in erster Linie um die Bergausrüstung zu kümmern und muss sie in die Maschine einräumen. Weil beispielsweise eine Tau-Bergung nachts nicht möglich ist, ist auch die Ausrüstung nachts nicht an Bord. Dann gehe ich gemeinsam mit dem Notarzt das medizinische Material durch. Während wir am Einräumen sind, raumt parallel die Nachtmannschaft aus. Sämtliche medizinische Ausrüstung ist doppelt vorhanden, alles lagert in einem Raum zwischen den beiden Flughallen.

Meistens ist noch eine dritte Maschine in Niederöblarn stationiert. Diese steht für Übungen und Dreharbeiten der »Bergretter« zur Verfügung. Der Notfallrucksack des Notarztes wiegt circa 13 Kilogramm, den Katharina Strasser nur schwer tragen könnte. Für Dreharbeiten gibt es eine leichtere Ausrüstung. Das weitere medizinische Gerät wird als Dummy im Filmhubschrauber verstaut. Bei Dreharbeiten wird der Platz hinten für die Kamera gebraucht. Freie Sicht nach vorne ist dann wichtig. Werden Dialoge aufgezeichnet, die während des Fluges stattfinden und keines Hintergrunds bedürfen, steht der Hubschrauber am Boden. Allerdings bei laufenden Rotoren, weil das ein anderes Feeling und eine andere Akustik

Auf dem Weg zum Heli: Sanitäter mit Auffanggurt, Kletterausrüstung und Utensilien für den medizinischen Notfall

gibt. Neben dem Kameramann sitzt hinten auch noch ein Kameratechniker, der beispielsweise die Schärfe einstellt. Der Tontechniker kann am Boden bleiben, nur das Aufzeichnungsgerät ist im Heli. Und noch etwas ist beim Filmhubschrauber anders: Damit Film-Pilot Michi Dörfler auf dem richtigen Platz, nämlich vorne rechts sitzen kann, wird ein Doppelsteuer eingebaut, und ein Fluglehrer fliegt von links.

ACHTUNG: NOTRUF GEHT EIN!

Die Anforderung eines Notarzthubschraubers erfolgt über den Notruf 144 und somit über die Einsatzleitzentralen des Österreichischen Roten Kreuzes bzw. in Wien über die Wiener Rettung. Wenn bei uns in Niederöblarn der Alarm eingeht, übernimmt automatisch »Christophorus 14«, wenn er verfügbar ist. Wir werden von der Rettungsleitstelle Rotes Kreuz Steiermark

Bei der Suche nach einer vermissten Person sind die Bergretter im Film wie auch im echten Leben auf die Mithilfe von Angehörigen angewiesen, um keine wertvolle Zeit zu verlieren. Jeder Hinweis ist wichtig und kann zur Rettung beitragen.

disponiert, und nur von dort. Selbst wenn der Einsatzleiter der Bergrettung einen Hubschrauber anfordern würde, würde er nicht direkt am Stützpunkt Niederöblarn anrufen, sondern in der Rettungsleitstelle. Sobald also bei uns der Gong reinkommt, erscheinen auf einem großen Bildschirm im Erdgeschoss des Stützpunktes alle relevanten Daten: Welche Verletzungen? Was für ein Patient? Männlich oder weiblich? Wie alt? Wo ist der Unfall? Der Pilot checkt unverzüglich das Wetter. Grob weiß er bereits Bescheid, weil er von der Früh weg online die aktuelle Wetterlage im Blick hat. Ist der Einsatz vor unserer Haustür, sehen wir die Bedingungen zudem ziemlich genau, und wir nutzen Webcams in der Umgebung. Beim Piloten beginnt also sofort die Flugplanung. Notarzt und Flugretter überlegen abgestimmt auf die Verletzungen des Patienten das Vorgehen und ob eine zusätzliche Ausrüstung notwendig ist. Manchmal bekommt der Flugretter vom Piloten noch den Auftrag, zusätzlich Sprit aufzutanken. Die Standardbetankung ist so bemessen, dass beim Fliegen kein unnötiges Gewicht anfällt und wir eineinhalb Stunden Flugzeit abdecken können. Wenn die Tanks zu voll sind, hätten wir beispielsweise zu wenig Leistung für eine Tau-Bergung. Müssen wir in ein weiter entferntes Krankenhaus, etwa nach Salzburg oder Graz fliegen, brauchen wir zusätzlich Treibstoff. Für unsere Standardeinsätze haben wir ungefähr 230 Kilogramm im Haupttank und

Soeben hat Markus die Nachricht erhalten, dass der von ihnen gerettete Skifahrer vermutlich auf der Flucht vor der Polizei ist (oben). Diesmal ist Notärztin Katharina das Unglücksopfer. Markus, Rudi und Michi haben sie aus einer Gletscherspalte geborgen – schwer verletzt (unten)!

MISSION POSSIBLE

Heute sind in ganz Österreich an 17 Standorten insgesamt 19 Notarzthubschrauber des Typs »Eurocopter« EC 135 und »Airbus« H135 im Einsatz. 2023 hob die »Christophorus«-Flotte durchschnittlich 57-mal pro Tag in lebensrettender Mission ab. Dabei ist das Einsatzspektrum sehr breit. Fast die Hälfte sind internistische und neurologische Notfälle wie Herzinfarkte oder Schlaganfälle. Gerade da macht der Geschwindigkeitsvorteil unseres Hubschraubers den entscheidenden Vorteil gegenüber einem Krankenwagen aus. Sport- und Freizeitunfälle im alpinen Bereich machen ca. zwölf Prozent der Einsätze aus. Dabei wurden 702 Tau-Bergungen aus unwegsamem Gelände durchgeführt sowie 1185 Nachteinsätze. Aktuell fliegt die C14-Crew rund tausend Einsätze im Jahr. Die Notärzte-Teams kommen aus den umliegenden Krankenhäusern und Arztpraxen, sie sind mit den lokalen Gegebenheiten bestens vertraut.

90 Kilo Reserve. Der Spritverbrauch des Hubschraubers beträgt drei Liter pro Minute. Dauert ein Einsatz länger, fliegen wir zum Tanken zum Stützpunkt zurück oder zu einem Nachbarstützpunkt. Dies ergibt sich aus der geografischen Lage des Notfallortes. Wir hätten auch die Möglichkeit, durch die Feuerwehr einen Tankanhänger mit tausend Litern in der Nähe des Unfallortes zu positionieren. Davon machen wir aber selten Gebrauch.

AUF DIE PLÄTZE …

Während zum Start die beiden Turbinen nacheinander angelassen werden, steht der Flugretter vor dem Hubschrauber und überwacht die Abgasrohre, links und rechts. Es darf kein ungewöhnlicher Rauch austreten, oder gar Flammen. Wenn beide Turbinen korrekt laufen, macht der Flugretter den Außencheck der Maschine und kontrolliert, ob nichts auf den Kufen liegt und ob die Türen ordnungsgemäß verriegelt sind. Der Notarzt ist auch bereits an Bord. Der Flugretter steigt ein, sagt »Außencheck okay«, schnallt sich an, schließt die Tür und steckt sein Helmkabel in die Buchse für das Intercom-Funksystem. Für die Crew besteht Helmpflicht im Hubschrauber aus Gründen der Sicherheit sowie auch als Lärmschutz. Auch der angeschnallte Notarzt erteilt sein Go und sagt »Kabine fertig«. Dann folgt das Prozedere des Piloten, der sämtliche Flugsysteme durchgeht, indem er deutlich auf jedes einzelne Instrument zeigt, es kontrolliert und feststellt, dass keine Warnung vorliegt. Alle Punkte werden der Reihe nach durchgegan-

Markus muss sich zu jeder Zeit hundertprozentig auf sein Team verlassen können. Am Fluss sind er und seine Kollegen auf der Suche nach zwei vermissten Jugendlichen.

gen. Das macht der Pilot aber nicht allein, sondern im Vier-Augen-Prinzip mit dem Flugretter, der ebenfalls Schritt für Schritt kontrolliert. Ist der Vorgang abgeschlossen, heißt es »Crosscheck okay«. Abschließend wird noch eine Verbindung mit dem Flugplatz aufgenommen, ob die Abflugrichtung frei ist. Kommt die Freigabe, sind wir auch schon weg. Von der Alarmierung bis zum Abheben dauert es drei Minuten. Alle Bewegungen und Abläufe, die dafür notwendig sind, gehen jedem Flugrettungsmitglied schnell in Fleisch und Blut über.

Oftmals sind es die schmalsten Stellen, wo der Hubschrauber der Bergrettung zur Landung ansetzen muss. Hauptsache, er bringt niemanden in Gefahr, wenn beispielsweise wie hier ein viel frequentierter Weg zum Gipfel in unmittelbarer Nähe vorbeiführt.

UNIQA
heliair
Die Bergrettung
Flugrettung
VORARLBERG
ÖAMTC
Christophorus 8

Bei der Tau-Bergung wird ein sogenanntes Fixtau an der Unterseite des Helis festgemacht. Für Stabilität und Sicherheit sorgt ein Doppelhakensystem.

Natürlich kommt es während unserer Dreharbeiten vor, dass die Besatzungen des »Christophorus 14« oder »99« zum Einsatz ausrücken müssen. Damit wir sie nicht behindern, ist für uns am Stützpunkt Niederöblarn ein Bereich abgesperrt. Pro Drehblock sind wir zwei bis drei Tage am Heliport. Weil beim Film nie Folge

»Kommt die Freigabe, sind wir auch schon weg.«

und Staffeln chronologisch abgedreht werden, machen wir an diesen Tagen nur Flugmotive wie Startvorbereitungen, Starts und Landungen. Wir steigen in den Hubschrauber ein, wir steigen aus, wir schieben die Maschine aus der Halle, wir gehen ans Tau, wir werden am Tau hängend gefilmt. Manchmal kommt ein Kameramann dazu, sodass wir zu zweit in der Luft sind. Die Aufnahmen mit seiner Handkamera geben dem Zuschauer das Gefühl, besonders nah dran und mitten im Geschehen zu sein.

Ich fand Hubschrauber und die ganze Technik schon als Kind toll, und ich staune bis heute, dass so ein großes Ding einfach abheben kann, mit einer spielerischen Leichtigkeit und trotzdem so kraftvoll. Im Gegensatz zu einem Flugzeug

Der Hangar des Rettungshubschraubers »Christophorus« am Stützpunkt Niederöblarn. Die ÖAMTC-Flugrettung bietet dort einen Rund-um-die-Uhr-Service, dem neben Technik- und Flugpersonal auch 30 Notärzte angehören.

ist ein Heli viel wendiger, kann viel genauer fliegen und kommt näher an Bergwände und Gipfel ran. Wir haben eine Handvoll fixe Piloten, die beim Dreh eingesetzt werden, die meisten kommen aus dem militärischen Bereich. Es sind lustige, lockere, bunte Typen, aber sobald sie am Steuerknüppel sitzen, sind sie tausendprozentig konzentriert und fokussiert. Wenn man ihnen zuschaut, hat es fast etwas Zwanghaftes, wie sie in immer gleicher Routine alles checken. Aber: Fliegerei ist keine Spielerei! Oder um mit Heris Worten zu sprechen: Die Gefahr ist da, sobald man in der Luft ist.

Ich bin auch schon vor »Die Bergretter« für andere Dreharbeiten geflogen, ich finde das mega-

Ein ÖAMTC-Rettungshubschrauber vom Typ »Christophorus« in Großaufnahme. Im Jahr 2023 flogen die insgesamt 17 Helikopter 20 823 Einsätze im ganzen Land.

cool, vor allem im Gebirge. Wenn man am Tau hängt, spürt man die Flugkräfte enorm, wie in einem riesengroßen Kettenkarussell. Das Freiheitsgefühl ist gigantisch. Ob ich Höhenangst habe? Nein, das wäre für meine Rolle ein großes Problem. Ich vertraue dem Material. Wenn ich da unten hänge, Hunderte Meter über dem Boden, denke ich nicht darüber nach, dass das Tau nicht halten könnte. Ich gehe einfach davon aus, dass es das tut. Dieses Gefühl brauche ich, sonst könnte ich mich nicht auf meine Arbeit konzentrieren. Mittlerweile bin ich schon so oft am Tau geflogen, dass ich manchmal vergesse, was das für ein ungeheures Privileg ist. Wer darf so was schon, außer die echten Bergretter? Ein unbeschreibliches Erlebnis war, als wir am Dachstein eine Anlandung gemacht haben, bei der ich in die Südwand abgesetzt wurde. Ich war ganz allein in dieser riesigen, steilen Wand und habe den Heli wegfliegen sehen.

Was dafür so gar nicht meins ist, ist rückwärts fliegen, also im Heli hinter dem Piloten zu sitzen und gegen die Flugrichtung. Da wird mir schlecht. Beim Filmdreh ist das der Platz für unsere Kameramänner, die während des Flugs auch noch durch das Okular gucken müssen, was meinen großen Respekt verdient.

FLUGRETTUNG IST TEAMARBEIT

Seitdem der ÖAMTC-Flugrettungsstützpunkt Niederöblarn einen Rund-um-die-Uhr-Dienst anbietet, hat sich die Mannschaft dort vergrößert. Die Anzahl der Notärzte ist von 18 auf 30 angestiegen. Die meisten von ihnen sind Fachärzte für Anästhesie und Intensivmedizin und somit auch ausgebildete Notfallmediziner. Sie sind für jede Situation vorbereitet, wenn notwendig könnten sie Patienten auch in einen künstlichen Tiefschlaf

EQUIPMENT FÜR DIE BERGUNG

Rettungshubschrauber sind meist für verschiedene Bergetechniken ausgerüstet. Für eine Tau-Bergung mit Bergesack wird an die Unterseite des Hubschraubers ein Fixtau in jeweils angepasster Länge an einem Doppelhakensystem festgemacht. Dies ermöglicht eine Bergung des Patienten auch an Orten, wo eine Landung nicht möglich ist. Der Patient wird dabei auf einer Vakuummatratze im Bergesack liegend zusammen mit Flugretter und Notarzt zu einem geeigneten Zwischenlandeplatz geflogen, wo er dann weiter medizinisch versorgt werden kann. Bei der variablen Tau-Bergung seilt sich der Flugretter nur mithilfe eines speziellen Abseilgerätes bis zu 80 Meter zum Patienten ab und sichert ihn am Tau, während der Pilot die Maschine möglichst ruhig in der Luft hält. Die Versorgung des Verunfallten durch den Notarzt findet erst am Zwischenlandeplatz statt. Eine Kapp-Bergung wendet man an, wenn ein abgestürzter oder hilfebedürftiger Kletterer in einer steilen Felswand am Seil hängt. Dabei sichert der Flugrettungssanitäter den Verunfallten an seinem Tau und löst (kappt) mit einer Kappschere – nach dem Entlasten – dessen Seil. Dies ist ein sehr kritischer Moment. Bei der Kapp-Bergung muss das Zusammenspiel zwischen Pilot und Flugretter perfekt funktionieren.

ACHTUNG HUBSCHRAUBER!

Bei Flugrettungseinsätzen kommt es immer wieder zu unnötigen Suchflügen, weil die Verunfallten nicht auf sich aufmerksam machen. Beide Hände schräg nach oben zu einem Y ausgestreckt, bedeutet »Yes, wir brauchen Hilfe«. Umgekehrt signalisiert eine Hand nach oben und eine Hand nach unten gestreckt »No, wir brauchen keine Hilfe«. Auch das Winken mit farbigen Kleidungsstücken kann der Hubschrauberbesatzung helfen, den Unglücksort zu lokalisieren.

Weil durch den starken Abwind unter dem Hubschrauber ein Wind in Orkanstärke entsteht, müssen bei der Landung ausreichend Sicherheitsabstand (50 m) gewahrt, lose Gegenstände gesichert und Augen vor aufwirbelndem Sand, Gräsern oder Schnee geschützt werden. Abstand halten gilt auch während des Auslaufens der Rotorblätter, was etwa zwei Minuten dauert. Erst, wenn sie stillstehen, darf man sich dem Hubschrauber nähern und dies nur von vorne und mit Blickkontakt zum Piloten. Den Anweisungen des Piloten ist unbedingt Folge zu leisten.

versetzen. Außerdem haben sie eine alpine Zusatzqualifikation, denn ihr Arbeitsplatz liegt oft in steilem Felsgelände. Hier müssen sie sich sicher bewegen können. Aber angenommen, der Pilot würde den Vorschlag machen, den Notarzt angestützt aus dem schwebenden Helikopter aussteigen zu lassen, und der Notarzt sagt nein, dann wird er nicht überredet. Nein ist nein, da gibt es keine Diskussionen. Jeder von uns kennt seinen Bereich und seine Grenzen und entscheidet dementsprechend.

Neben den 30 Notfallmedizinern stehen in Niederöblarn mittlerweile außerdem sechs Piloten und fünf Flugretter zur Verfügung, die anders als die ehrenamtlichen Bergretter hauptberuflich angestellt sind. Das Hubschrauber-Team wird immer

»Nein ist nein, da gibt es keine Diskussionen.«

für den jeweiligen Tag zusammengewürfelt, es gibt keine fixen Mannschaften. Deswegen ist es auch so wichtig, dass alle Abläufe standardisiert sind oder jeder weiß, wer für was zuständig ist. Das genaue Vorgehen bei einem Einsatz sprechen wir entweder während des Fluges oder beim Anflug an die Unfallstelle durch, ob wir beispielsweise eine Tau-Bergung machen und

Ein Rettungshubschrauber mit einem fixierten Bergungstau auf dem Weg zum Einsatzort. Die Länge des Seils ist variabel – bis zu 140 Meter sind möglich.

der Notarzt mit ans Tau geht oder am Zwischenlandeplatz wartet. Tau-Bergungen sind bis zu einer Seillänge von 140 Metern möglich.

Das Gefühl, als Team so exakt miteinander funktionieren zu müssen wie bei der Flugrettung, gibt es im Alltag selten. Ich erlebe das als etwas sehr Besonderes. Wir müssen uns hundertprozentig aufeinander verlassen können. Natürlich gibt es Kollegen, mit denen kann man besser und mit anderen weniger, das ist menschlich, spielt aber beim Einsatz absolut keine Rolle.

BERGWETTER UND BERGRETTER

Einer der Hauptgründe, weshalb Menschen in Bergnot geraten und Hilfe brauchen, ist das Wetter. Oft liegt es auch an einer mangelnden oder mangelhaften Tourenplanung.

Starker Schneefall im Winter und die damit verbundene Lawinengefahr oder Schwierigkeiten bei der Wegfindung, Schneefelder im Frühjahr, Gewitter im Sommer und im Herbst eine stark absinkende Schneefallgrenze durch einen Temperatursturz führen regelmäßig zu Einsätzen der Bergrettung. Immer wieder ereignen sich Bergunfälle, bei denen zwar der Wetterbericht bei der Tourenplanung berücksichtigt wurde, nicht aber witterungsbedingte Verhältnisse wie Schneelage oder hohe Wasserstände in Schluchten.

Die frühzeitige Information über die zu erwartenden Wetterbedingungen und die Verhältnisse am Berg muss fester Bestandteil jeder Tourenplanung sein. »Ein Wettersturz kommt mit Ansage. Es gibt kein meteorologisches Modell, das einen plötzlichen Temperaturrückgang um mehr als zehn Grad Celsius nicht zeigt«, sagt Karl Gabl. Heute müsse niemand mehr von einem Wetterumschwung oder einem Gewitter überrascht werden. Es gebe genug Möglichkeiten, um sich im Vorfeld umfassend zu informieren. Gabl leitete mehr als dreißig Jahre lang die Wetterdienststelle für Tirol und Vorarlberg in Innsbruck und initiierte 1987 den Wetterdienst des Alpenvereins. Viele Jahrzehnte engagierte sich Gabl, selbst Bergretter und Bergführer, bei der Ausbildung seiner Kollegen. Und noch immer berät er ehrenamtlich all jene, die in den Bergen unterwegs sind, bei ihren Expeditionen und Bergprojekten auf der ganzen Welt.

WETTERMODELLE UND PROGNOSEN

Meteorologen wie Karl Gabl greifen bei ihren Wettervorhersagen auf numerische Wettermodelle zurück. Terrestrische Wetterstationen, Wetterballone, Schiffe und Flugzeuge messen regelmäßig und zu festgelegten Zeiten Temperatur, Niederschlag, Windgeschwindigkeit und Windrichtung. Diese Daten fließen in die meteorologischen Modellberechnungen ein. Auf dieser Grundlage wird mithilfe komplexer mathematischer Algorithmen die Atmosphäre in der Zukunft berechnet. Um die dafür nötigen Rechenoperationen in einer angemessenen Zeit

Noch schickt die Sonne ihre Strahlen durch die dichter und bedrohlicher werdende Wolkenwand. Dass ein Gewitter aufzieht, ist aber unübersehbar.

bewältigen zu können, kommen zwar die stärksten Computer der Welt zum Einsatz. Weil die Physik der Atmosphäre sehr komplex ist, müssen die Rechnungen jedoch vereinfacht werden, um in einer angemessenen Zeit und vor allem rechtzeitig zu einem Ergebnis zu kommen. Das wirkt sich natürlich auf die Prognosegüte aus. »Unterschiedliche Modelle liefern unterschiedliche Ergebnisse. Vorhersagen können daher differieren. Unterschiedliche Apps zeigen deshalb auch unterschiedliche Prognosen«, erläutert Gabl, weshalb mancher Bergsteiger sich bei der Tourenplanung vermutlich schon einmal verwundert die Augen gerieben hat.

DER BLICK ZUM HIMMEL

Weil Wettermodelle Grenzen haben, zählt neben der Tourenplanung beim Bergsport der geübte Blick zum Himmel. Das trifft besonders auf Gewitter zu. Die Statistik zeigt: Am Alpennordrand ist auf das Jahr verteilt an 35 Tagen mit Gewittern zu rechnen. Am Alpensüdrand sind es etwas mehr als 50 Gewittertage. Im Tagesverlauf ist die Wahrscheinlichkeit eines Gewitters am späteren Nachmittag deutlich größer als am Vormittag. Am meisten Todesopfer durch Blitze verzeichnen die Statistiker kurz nach Mittag, wenn die ersten Blitze früher eintreffen als erwartet. »Im Sommer lautet das Grundprinzip des Bergsteigens: Ich muss früh aufbrechen, am Nachmittag muss ich wieder zurück im Tal sein«, sagt Karl Gabl. Bei vorhergesagten Gewittern sollte eine Tour gewählt werden, die Möglichkeiten für einen vorzeitigen und raschen Abstieg bietet. Und vor allem sollte der Rückweg angetreten werden, wenn der Gipfel bis Mittag noch nicht erreicht ist.

Erst recht im Winter: Eine gute Tourenplanung ist extrem wichtig, damit kein Tourengänger vom Schneesturm überrascht wird.

Auch wenn Meteorologen mithilfe der Modelle gut vorhersagen können, dass sich Gewitter ereignen werden: Wo die Gewitterzelle sich entwickelt und wohin die Zugbahn sie führt, lässt sich Stunden oder gar Tage im Voraus jedoch nicht prognostizieren. Auch hier gibt es mittlerweile Hilfsmittel. Die Bildung von Gewitterzellen und die Zugbahnen von Gewittern lassen sich anhand eines Niederschlagsradars oder einer Blitzortungs-App gut verfolgen. Vorausgesetzt natürlich, es gibt am Berg ein Mobilfunknetz. Am besten ist es deshalb, die Tour so zu planen, dass man zurück im Tal ist, bevor das Gewitter sich entwickelt, oder man die Hütte mit Blitzschutz erreicht hat, bevor die Gewitter sich entladen.

METEOROLOGISCHE GRENZGÄNGER

Während Bergwanderer und Alpinisten ihre Touren planen können, können Bergretter sich das Wetter nicht aussuchen. Sie müssen auch bei Sturm und Schneefall, Regen und Kälte raus, um Menschenleben zu retten. Das Wetter erschwert dabei immer wieder die Rettungsmaßnahmen. Und deshalb sind auch Bergretter auf verlässliche Prognosen angewiesen. Früher bekamen sie diese von den Meteorologen bei den Wetterdienststellen.

Durch die verschiedenen Apps und Informationsmöglichkeiten im Internet haben auch Bergretter nun eine schnell zugängliche Entscheidungshilfe. »Gerade bei Gewittern sind Bergretter meteorologische Grenzgänger«, weiß Karl Gabl. Ist das Gewitter zum Zeitpunkt der Alarmierung noch nicht weitergezogen, bleiben auch Bergretter besser im Tal. Auch der Hubschrauber, heute das Mittel der Wahl, um schnell am Einsatzort zu sein, kann in solchen Wettersituationen meist nicht fliegen.

Im Winter sind es die Lawinen, die Bergretter besonders fordern. Auch Lawinen sind ein meteorologisches Phänomen. Niederschläge in Form von Schnee und Wind sorgen dafür, dass die Lawinengefahr steigt. Wissen die Bergretter, wo sie nach Lawinenopfern suchen müssen, müssen sie aufgrund ihrer Ortskunde und ihrer langjährigen Erfahrung den sichersten Zustieg wählen. Kennen sie den Unfallort jedoch nicht genau und müssen beispielsweise im Nebel nach dem möglichen Unglücksort suchen, erhöht das erheblich die Gefahr für die Bergretter. Hinzu kommt, dass aufgrund von beständigem Schneefall die Lawinengefahr während eines Einsatzes in kürzester Zeit erheblich ansteigen kann. Oftmals sind es deshalb die langjährige Erfahrung und eine besondere Portion Vorsicht, die Bergretter davor bewahren, sich in Gefahr zu begeben.

Gewitter in den Bergen: was für ein gewaltiges Naturschauspiel, wenn ein Blitz vom Himmel fährt und sich Millionen Volt in der Atmosphäre entladen …

Hängebrücke am Dachstein: Schwindelfrei sollte man schon sein, um diesen 100 Meter langen »Laufsteg« in 2700 Metern Höhe genießen zu können. Dann aber wird der Blick ins Tal und auf die majestätische Bergwelt zum unvergesslichen Erlebnis.

UNTERWEGS ZUM GIPFEL

ZWEI AUF GLEICHER SPUR

Ein Sonnenmorgen im Juli. Heri und Sebastian haben sich zu einer kleinen Wanderung verabredet, diesmal abseits der Dreharbeiten, rein privat. Treffpunkt ist die Talstation der Dachstein-Südwandbahn.

Der Gondelbetrieb ist gerade gestartet, der Parkplatz füllt sich mit Fahrzeugen. Wir schlagen den Weg Richtung Südwandhütte ein. Die Hütte liegt auf 1910 Metern Seehöhe, im Hochalmengebiet der Ramsau, und wird von den Wirtsleuten Christian und Tamara Schrempf bewirtschaftet. Der Weg dorthin ist nicht weit und nicht schwer, der Ausblick auf die Dachstein Südwand dafür umso faszinierender. Die Nacht zuvor hat es geregnet. Jetzt ist alles frisch und klar. Auf dem Almrausch am Wegesrand glitzern kleine Wassertropfen.

Auch wenn ich schon viele Jahre in Ramsau bin, der Anblick der gigantischen Dachstein-Felswände flasht mich jedes Mal aufs Neue. Ich weiß gar nicht, wo ich zuerst hinschauen soll, kann mich an der Kulisse nicht sattsehen. Die Alpen sind einfach eine unglaubliche Landschaft. Heri ist hier aufgewachsen, hat diese imposante Natur immer schon um sich gehabt und sagt: »Ich lebe von klein auf am Fuß der Berge und habe sie stets vor Augen. Als Kind waren Berge nichts Besonderes, sie waren einfach da. Aber ich kann mich an zwei Momente erinnern, in denen ich sie erstmals bewusst gespürt habe. Ich war noch ein Bub, als ich mit einem Mann der Bergrettung meine erste richtige Klettertour machen durfte. Wir haben die Südwand vom Niederen Türlspitz durchstiegen, und danach habe ich gewusst, dass ich noch viel mehr klettern und auch mal Bergretter werden will. Ich habe gespürt: Das ist meine Welt. Auch wenn mir schon früh sehr intensiv vor Augen geführt wurde, wie gefährlich der Berg sein kann, das war der andere Moment: Ein Polizeibergführer-Kollege meines Vaters hatte mich und meinen zweieinhalb Jahre älteren Bruder mit auf die Scheichenspitze genommen, was für einen Sieben- und einen Neunjährigen schon eine ordentliche Tour ist. Als wir am Nachmittag wieder zurück in Ramsau waren, haben wir den Hubschrauber fliegen sehen, der

»Berge sind stille Meister und machen schweigsame Schüler.«
(Aus: »Wilhelm Meisters Wanderjahre«, Johann Wolfgang von Goethe)

einen abgestürzten Bergsteiger ins Tal flog. Wir Kinder sind natürlich sofort zum Landeplatz gelaufen. Aus dem Leichensack schauten Schuhe und Socken heraus, und ich habe den Mann wiedererkannt, den wir ein paar Stunden zuvor am Gipfel getroffen hatten. Lebendig und genauso von der Aussicht begeistert wie wir. Am Berg kann es sehr schnell gehen und manchmal tödlich enden.«

Ich selbst habe meine ersten Lebensjahre nicht wie Heri in den Bergen verbracht. Die gemeinsamen Wandertouren mit meinen Eltern kamen erst später, ich kann mich aber auch an ein Erlebnis erinnern, das mir ebenfalls die Kraft und die Unberechenbarkeit der Bergwelt demonstriert hat. Wir waren am Faaker See in Kärnten, und mein Vater ist mit mir und meinen vier Brüdern auf den See gerudert. Ich saß so, dass ich den

Berggehen kann süchtig machen. Berge sind für mich wie für andere ein Tattoo, das man sich stechen lässt. Man möchte immer mehr von ihnen ... ▷

Mittagskogel im Karawanken-Gebirge im Blick hatte. Dann ist plötzlich ein heftiges Gewitter aufgezogen, Sturm kam auf, die Wellen sind hochgeschlagen, und mein Vater hat das Boot mit größter Not gerade noch so zurück ans Ufer gebracht. Ich habe weiterhin auf den Mittagskogel gestarrt, der in schwarzen Wolken verschwand, und die Blitze haben nur so gezuckt. Im Nachhinein kann ich gar nicht mehr sagen, was Realität war und was Einbildung, aber das Bild hat sich stark eingebrannt, und ich finde bis heute, dass Gewitter in den Bergen um ein Vielfaches gewaltiger und lauter sind als anderswo.

»Es gibt nur mich und den Berg, und der fordert meine ganze Aufmerksamkeit.«

Von Schlechtwetter ist heute weit und breit keine Spur, während Heri und ich langsam auf dem Bergpfad Richtung Südwandhütte aufsteigen, wohlwissend, wie schnell in den Bergen das Wetter komplett umschlagen kann, und immer mit der notwendigen Ausrüstung im Rucksack. Die zwei Gondeln der Dachstein-Südwandbahn über uns werfen nach oben und unten pendelnde Schatten auf die Almwiesen. An so einem prachtvollen Tag ist auf den Berg- und Kletterrouten des Dachsteins einiges los. Die Bedingungen sind ideal. Auch ich habe das Klettern lieben gelernt, dieses Fokussiertsein auf mich selbst, auf das eigene Tun, den nächsten Schritt, den nächsten sicheren Halt. Das ist wie Meditation. Ich vergesse dann meinen Alltag, die Welt dort unten, Familie, Freunde. Oft habe ich nicht mal Handyempfang.

Es gibt nur mich und den Berg, und der fordert meine ganze Aufmerksamkeit. Am Berg kann man mit Willen und Können und Kraft über sich hinauswachsen, das fasziniert mich. Genauso wie das Gefühl, eine Beziehung mit ihm einzugehen. Alle Anstrengungen des Aufstiegs und meine Gedanken, die ich an diesen Berg herantrage und auch wieder mit herunternehme, machen, dass der Berg für immer Teil meines Lebens sein wird. Berge sind wie ein Tattoo, das man sich stechen lässt. Berggehen kann regelrecht süchtig machen, das habe ich auf meiner »Terra-X«-Tour über die Alpen erfahren. Eine Nacht in einem Schneeloch auf dem Dachstein zu verbringen ist ein Erlebnis, das ich nie vergessen werde. Für solche extreme Bedingungen ist der Mensch nicht gemacht, und doch suchen viele Bergsteiger genau solche Extremsituationen. Vielleicht begleitet von der Hoffnung, dass diese uns unserem menschlichen Ursprung näherbringen.

Vor mir geht Heri mit ruhigen, gleichmäßigen Schritten, denen schon so viele Bergsteiger gefolgt sind. Als Bergführer ist es sein Beruf, Menschen auf die Gipfel zu bringen und gesund wieder zurück. Mit dem Begriff »Seilschaft« kennt er sich bestens aus. Denn eine Beziehung baut man nicht nur zum Berg auf, sondern auch zu den Menschen, die dort mit einem unterwegs sind.

Heri beschreibt es so: »Oft will man besser sein als der andere, und in jeder Gruppe gibt es nun mal bessere und schlechtere Bergsteiger. Aber es ist ein Phänomen der Seilschaft: Sobald man am Seil hängt, ändert sich die Einstellung. Man muss aufeinander achtgeben, und jemand, der noch so ungeduldig ist, muss warten. Man kennt die Lebensgeschichte der anderen nicht, und

Es vergeht kein Tag, an dem ich mir der Anwesenheit dieses kraftvollen Gebirges nicht bewusst bin. An dem ich nicht hochblicke zum majestätischen Dachstein und mir denke: Wahnsinn!

das ist auch überhaupt nicht wichtig. Jeder wird so genommen, wie er in dem Moment ist, mit Stärken und Schwächen. Alle wollen dasselbe.«

»Scheitern kann eine gute Sache sein, es kann einen stark machen.«

Ich verstehe nur zu gut, was Heri meint. Alle Täuschungen, die im Tal wirken, zum Beispiel ein toller Beruf, tolles Instagram-Profil, teures Auto oder schicke Klamotten, sind am Berg unwichtig. Niemand kann sich hinter so etwas verstecken, das zählt heroben nichts. Ich sehe den Menschen an meiner Seite, wie er keucht, schwitzt, sich raufkämpft, wie er sich anstrengen muss. Ich sehe ihn, wie er wirklich ist – und er mich. Vielleicht machen wir sogar gemeinsam die Erfahrung zu scheitern. Scheitern kann eine gute Sache sein, es kann einen stark machen. Wenn man merkt, es geht nicht, wir können das heute nicht schaffen, bis hierher ging es gut, aber jetzt müssen wir umdrehen. Heri bestätigt: »Umdrehen erfordert am meisten Mut. Wir Bergretter wären dankbar, wenn die Menschen das öfter täten. Wir nehmen vermehrt eine Vollkasko-Mentalität wahr, man meint im Falle des Falles ja

Eine Beziehung baut man nicht nur zum Berg auf, sondern auch zu den Menschen, mit denen man dort unterwegs ist.

jederzeit gerettet zu werden. Die Notrufmeldungen lauten dann so: ›Bergsteiger ist zu erschöpft, er kann nicht mehr vor und nicht mehr zurück.‹ Hätte er rechtzeitig den Mut gehabt umzudrehen, wäre es gar nicht so weit gekommen. Es ist ein großer Fehler, so lange weiterzugehen, bis man wirklich nicht mehr kann. Deswegen ist die Tourenplanung auch so wichtig und dass man sich nicht überschätzt.«

Auf dem Weg zur Südwandhütte bleiben Heri und ich immer wieder stehen, schauen hinauf und schauen uns um. An vielen Stellen hier oben haben wir schon Szenen gedreht. Langsam füllt sich der Wanderpfad mit Menschen. Nicht weit von der Südwandhütte liegt in einem Kiesbett immer noch Altschnee, den man überqueren muss. Weil unter der Schneedecke ein Bach rauscht, droht die eingetretene Fußspur einzustürzen. Der Hüttenwirt hat mit der Motorsäge Stufen in die grauen Schneereste geschnitten. Ein kleines Schild weist darauf hin, unten langzugehen. Ich sehe nur eine Handvoll Wanderer, die sich nicht daran hält. Was Heri und mich zu den Fragen führt, ob in den Bergen zu viele Menschen unterwegs sind? Und wenn ja, wer darf in die Berge fahren und wer nicht? Und sind nur Bergsteiger die wahren Bergmenschen? Ich habe dazu eine klare Meinung: Jeder hat das Recht, in die Berge gehen zu dürfen, egal wie sportlich, wie fit, wie alt er ist, ob er gerade eine künstliche Hüfte bekommen hat oder einen Kinderwagen schiebt. Wer bin ich zu sagen, nur weil jemand die Gondel nimmt und nicht raufwandert, hat er es nicht verdient, auf dem Berg zu stehen und dessen Schönheit zu genießen? Natürlich muss man Regeln aufstellen, damit die Natur nicht leidet. Dazu gehört, dass man auf den markierten Wegen bleibt und seinen Müll wieder mitnimmt. Aber ich finde es fantastisch, dass die Berge uns alle gleichmachen. Es gibt am Berg keine Hierarchie. Jeder soll ihre Magie spüren können. Heri ist nicht nur Bergführer und Bergretter, er ist auch Hotelier. Der Tourismus ist die Lebensgrundlage der meisten Menschen in Ramsau, so wie in fast allen Alpenregionen. Er sagt: »Früher hing an der Bergstation der Dachstein-Südwandbahn der Spruch: ›Dachstein 3000 Meter, macht was ihr wollt.‹ So ist es, und so darf es auch sein. Der

Ist es nicht wunderbar, dass die Berge uns alle gleichmachen – es gibt dort keine Hierarchie.

Jeder Besucher, egal ob Bergsteiger, Sonntagswanderer oder Tourengänger, muss auf verträgliche Art und Weise Berge und Natur genießen dürfen.

eine geht klettern, der andere spaziert über den Gletscher, und wieder ein anderer hat die höchste Freude, weil er im Sommer in Sandalen mitten im Schnee steht. In den letzten Jahren wird immer wieder ermahnt, dass die Berge kein Spielplatz seien, aber es gibt Orte, da gefährdet und schadet man damit niemandem. Die Mehrzahl der Dachstein-Besucher möchte einfach nur mal auf fast 3000 Metern Höhe stehen und ist überglücklich. Im Sinne des Naturschutzes den Berg abzusperren, halte ich nicht für den richtigen Weg. Jeder muss auf verträgliche Art und Weise die Berge genießen dürfen. Viele wollen dafür gar nicht nach oben, ihnen genügt der Blick von unten und das Gefühl, mitten in den Bergen zu sein. Aber ja, es gibt auch Orte in den Alpen, die überlaufen sind. Immer mehr Menschen haben immer mehr Freizeit, und die will gestaltet wer-

Sebastian Ströbel bei der Einkehr auf einer Hütte: tiefenentspannt und tief verwurzelt mit Natur und Landschaft

den, und hier braucht es vernünftige Lösungen. In Ramsau sind wir davon weit entfernt, unsere Abgeschiedenheit ist unser Vorteil. Großprojekte in der Hotellerie haben wir immer abgewehrt, hier gibt es sogar Parallelen zu ›Die Bergretter‹«.

Auf unserer kleinen Wanderung zur Südwandhütte werde ich immer wieder von Menschen angesprochen, die mich erkennen und sich ein Foto mit mir wünschen. Ich sage nie nein. Ich finde es schön, anderen mit so einer Kleinigkeit so eine große Freude machen zu können. Ob Bergretter Markus Kofler etwas mit mir macht? Ja. Ich bin durch die Rolle im Leben viel mutiger geworden. Das bleibt wahrscheinlich nicht aus, wenn

> »Ich bin durch die Rolle im Leben viel mutiger geworden.«

man ständig jemanden spielt, der wie MacGyver durch die Berge geht und sich jedem Problem stellt. Der sich in alle Situationen reinschmeißt, ohne nachzudenken, völlig von Sinnen gegenüber seiner eigenen Persönlichkeit. Jemanden, der weiß, dass es nie ein anderer schaffen wird, sich an ihn zu binden, weil er selbst in vielen Momenten nicht an den anderen denkt. In die Rolle Markus Kofler bringe ich Seiten und Eigenschaften von mir ein, aber in vielem ist er ganz anders als ich. Ich bin auch prinzipientreu, aber er kann schon sehr anstrengend anständig sein. Ich bin da viel »dreckiger«. »Die Bergretter« zu drehen ist für mich eine große Erfahrungsreise, die ich als absolutes Privileg empfinde. Dass ich im Film auf meiner gelben Bergretterjacke – die übrigens deswegen gelb ist, damit man mich schnell erkennt – auch das Abzeichen der österreichischen Bergführer tragen darf, macht mich unglaublich stolz. Zumal man dafür, wie Heri mir erzählt hat, beim Bergführerverband extra das Okay eingeholt hat. Man ist dort sogar der Meinung, dass das Image der Bergführer gut transportiert wird, was für mich wiederum eine ganz besondere Auszeichnung ist.

Auf der Südwandhütte angekommen (die Hütte ist in Staffel 5, Folge 6 »Eishochzeit« zu sehen) stärken wir uns bei Kaiserschmarrn und Kaffee. Das trutzige Berghaus ist aus groben Felssteinen gebaut. Es ist ein idealer Ausgangspunkt für Wanderungen wie die Dachsteinumrundung, für die Klettersteige Anna und Johann und natürlich für Kletterrouten in der Dachstein Südwand. Das gewaltige Massiv erhebt sich genau vor unseren Blicken, was Heri über den Ausdruck »den Berg bezwingen« nachdenken lässt. »Wir bezwingen da gar nichts«, sagt er. »Weder den Berg noch das Meer, die Natur wird immer die Oberhand behalten. Wir können den Gipfel heil erreichen und unversehrt ins Tal zurückkehren. Aber den Berg bezwingen zu können ist eine grobe Fehleinschätzung.« Wer sich auf den Hohen Dachstein wagt, nimmt meist den Randkluftsteig, den kürzesten Anstieg auf den Dachsteingipfel. Heri weiß, wen es in die Höhe zieht, bekommt es automatisch mit der Tiefe zu tun. »Je weiter oben, desto unbeschreiblicher der Ausblick, desto grö-

Wen es in die Höhe zieht, bekommt es automatisch mit der Tiefe zu tun.

Die gemeinsame Arbeit sowie die Liebe zum Berg und zur Natur verbinden Heri Eisl und Sebastian Ströbel seit dem ersten Augenblick ihrer Begegnung.

WANDERUNG ZUR SÜDWANDHÜTTE/ TOUREIGENSCHAFTEN

Strecke: 3,14 km
Dauer: 1,25 Std.
Aufstieg: 220 m
Abstieg: 220 m
Beste Jahreszeit: Juni bis Oktober
Ausgangspunkt: Parkplatz der Talstation Dachstein-Südwandbahn
Höchster Punkt: 1910 m
Kondition: Drei von sechs Punkten
Technik: Vier von sechs Punkten

ßer aber auch die Gefahr. Man muss die Tour gut planen und bedenken, dass man erst die Hälfte geschafft hat, wenn man oben steht. Der Abstieg kann mindestens genauso anstrengend sein.«

Unser Rückweg ist vergleichsweise gemütlich, die Tour weist lediglich 220 Höhenmeter aus. Achtsam sollte man trotzdem immer sein. Der Weg ist steinig, ausrutschen kann man schnell. Von der großen Almfläche unter uns klingen die Glocken der Kühe hinauf, weit im Südwesten ziert sich der Großglockner hinter weißen Quellwolken. Ob er sich ein Leben ohne Berge vorstellen kann, will ich von Heri wissen. »Nein. Ich war in jüngeren Jahren mal für ein halbes Jahr in Australien. Es gab manchmal Überlegungen, dort zu bleiben. Aber ich habe gewusst, ohne Ramsau und die Berge will ich nicht sein. Und will ich auch nach wie vor nicht. Ich reise gerne, in unterschiedlichste Gebiete, auch zum Segeln, aber ich komme jedes Mal sehr, sehr gerne wieder heim. Und daran sind auch die Berge schuld.

»Wenn man sich einmal mit dem Bergweltvirus infiziert hat, wird man ihn nicht mehr los.«

Damit bin ich übrigens nicht allein, es gibt nur wenige Ramsauer, die für immer von hier fortgehen.«

Auch ich kann mir ein Leben ohne Berge nicht mehr vorstellen. Ich bin mittlerweile tief verwurzelt und verwachsen mit dieser Natur, mit dieser Landschaft, mit diesem Ort. Wenn man sich einmal mit dem Bergweltvirus infiziert hat, wird man ihn nicht mehr los. Es zieht einen stets wieder dorthin. Gegen dieses Gefühl ist man einfach machtlos.

Blickfang in den Schladminger Tauern: Hoch droben, gegenüber dem Dachstein, ragen Steirische und Lungauer Kalkspitze (re.) auf. Tief unten leuchten tiefblau die beiden Giglachseen. Ein malerischer Wanderweg führt um die beiden Bergseen herum.

WANDERN IM DACHSTEINGEBIET

SICHERHEIT STEHT AN ERSTER STELLE

Viele Unfälle in den Bergen ließen sich mit einer besseren Vorbereitung vermeiden. Die größte menschlich bedingte Gefahr geht von einer schlechten körperlichen Verfassung aus.

Dutzende Wanderer sterben bei Bergtouren an Herz- oder Kreislaufversagen. Der Grund dafür ist, dass sie kaum oder gar nicht trainiert sind, sie sich viel zu anspruchsvolle Touren zumuten und obendrein einen schlechten Zeitplan haben. Absturzgefahr besteht nicht nur an senkrechten Felsen! Ist der Wanderweg steiler als 40 Grad, lässt sich ein Ausrutscher aufgrund von Unachtsamkeit oder Ermüdung kaum abfangen. Wetterstürze können schnell bedrohlich werden, Nebel und Schnee erschweren die Orientierung, Regen und Feuchtigkeit machen den Boden rutschig. Nässe und Wind kühlen schnell aus. Oft wird unterschätzt, dass sich die Luft pro 100 Meter um bis zu einem Grad abkühlen kann.

PERFEKT AUSGERÜSTET FÜR DEN BERG

In den Rucksack gehören neben Brotzeit, Getränk, Erste-Hilfe-Tasche, Biwaksack auch Kleidung zum Wechseln, gegebenenfalls auch Mütze und Handschuhe sowie das aufgeladene und angestellte Handy. Auf das sollte man sich zwar nicht ausschließlich verlassen, da längst nicht überall in den Bergen ein ausreichendes Mobilfunknetz zur Verfügung steht. Trotzdem kann mit dem Handy im Notfall am schnellsten Hilfe gerufen werden. In ganz Europa gilt die internationale Rufnummer 112. In Österreich gibt es zusätzlich die 140 für die Bergrettung. Der Anruf kommt dann direkt in die Landeswarnzentrale. Dort kann der Standort über Handy-Ortung festgestellt werden.

> »Absturzgefahr besteht nicht nur an senkrechten Felsen!«

Es gibt auch Apps, die die Koordinaten übermitteln, allerdings sind sie nicht immer zuverlässig. Wir hatten einmal den Fall, dass ein polnischer Bergsteiger über so eine App seinen Standort geschickt hat, nur dass sich dieser nach eineinhalb Stunden erfolgloser Suche als völlig falsch herausstellte. Wir haben den Verunglückten schließlich nicht nördlich von Bichl im

Ennstal gefunden, sondern in der Dachstein Südwand. Auch die Höhenangaben stimmten nicht mit dem tatsächlichen Fundort überein.

VORSICHT BEI APPS!

Die Verwendung von TourenApps kann ebenfalls ihre Tücken haben. Dort sind die Koordinaten eines Wanderweges eingespeist, und man folgt der Anzeige auf dem Handy-Display. Weicht man einige Meter von der Route ab, wird man gewarnt. Vor zwei Jahren hatten wir einen Einsatz unterhalb vom Guttenberg-Haus im Dachsteingebirge. Dort ist auch ein Wanderer mit so einer App gegangen, aber durchs unmarkierte Gelände. Schließlich stand er in einem Hang, wo er nicht mehr weiterkam. Was war passiert?

Der Bergsteiger hat nicht auf die Unterscheidung Wanderweg und Skiroute geachtet. Er folgte also einer Winterspur, die es so im Sommer nicht gibt. Der eigentliche Wanderweg wäre rund 500 Meter weiter oben gewesen. Daher: Auch bei der Zuhilfenahme von Wander- und TourenApps gilt es, Vorsicht walten zu lassen!

Und strahlt der Planet noch so schön vom Himmel: Wetter kann im Gebirge launisch sein und rasch umschlagen.

ÜBER DEN MÄRCHENWEG AUF DEN RITTISBERG

Der Rittisberg in Ramsau am Dachstein ist der größte Erlebnisberg der Steiermark. Hier warten Aktion und Abenteuer, Spaß und Spiel – und das alles an nur einem Ausflugsziel.

Art: Familien- und Themenweg
Schwierigkeit: mittel
Strecke: 2,4 km
Dauer: 1,25 Std.
Höhenmeter: 315 m
Beste Jahreszeit: Mai bis Oktober
Ausgangspunkt: Talstation der Rittisbergbahn

Am und um den Rittisberg gibt es natürlich auch eine Vielzahl an Wanderwegen, allen voran Familien- und Themenwege. Einer davon ist der liebevoll gestaltete Märchenweg, der an der Talstation der Rittisbergbahn startet. Ziel ist der Rittisstadl mit dem Höhenspielplatz »I love Rittisberg«. In jedem der drei Meter hohen Buchstaben des gleichnamigen Schriftzugs sind Schaukeln, Kletternetze, Klettergriffe und Rutschen integriert. Aber bevor dort nach

Fantasievolle Mitmachstationen sorgen auf dem Märchenweg dafür, dass beim Nachwuchs unterwegs garantiert keine Langeweile aufkommt.

Herzenslust gekraxelt, gerutscht und getobt werden kann, müssen auf dem Märchenweg verschiedene Mitmach- und Erzählstationen durchlaufen werden: So kann man zum Beispiel auf Rapunzels Haar aus dem Turm klettern oder das Knusperhäusl von Hänsel und Gretel mit all seinen Geheimnissen erkunden. Alle Spiel- und Erlebniselemente der Märchenstationen sind aus hochwertigem und langlebigem Lärchenholz gefertigt. Das dafür verwendete Holz stammt übrigens direkt vom waldreichen Rittisberg. Für alle Kids, die sich durch die zehn Gebrüder-Grimm-Märchen hinauf zum Rittisstadl gespielt haben, empfiehlt sich danach eine Pause mit Einkehr. Das gilt natürlich auch für die Erwachsenen. Dazu lädt die Sonnenterrasse des Rittisstadl ein, einer der schönsten Aussichtspunkte der Ramsau, im Hintergrund thront majestätisch das prächtige Dachsteinmassiv. Und bevor es wieder ins Tal zurückgeht, kann man seinen Füßen auf dem Barfußweg noch etwas Gutes gönnen. Über 20 verschiedene Materialien wie Moos, Kieselsteine oder Tannenzapfen trainieren die Fußmuskulatur. Der Märchenweg lässt sich in beide Richtungen gehen, bergauf und bergab. Talwärts ist er sogar problemlos mit dem Kinderwagen befahrbar, in die Höhe bringt einen dann die Rittisbergbahn. Der Rittisberg ist übrigens zu sehen in Staffel 15, Folge 2, »Bruderliebe«.

Wenn es drunten im Ennstal noch dunkel ist, hat die Morgensonne die Spitzen der Gasselhöhe in den Schladminger Tauern bereits vergoldet und das Dachsteinmassiv vis-à-vis in einen zartrosa Schleier gehüllt.

WANDERUNG AUF DEM SATTELBERGRUNDWEG

Diese gemütliche Wanderung beginnt direkt neben der denkmalgeschützten katholischen Kirche St. Rupert am Kulm. Auch ein Blick ins Innere lohnt sich.

Art: Gemütlicher Rundweg
Strecke: 9,1 km
Dauer: 3 Std.
Höhenmeter: 220 m
Beste Jahreszeit: Mai bis Oktober
Ausgangspunkt: St. Rupert am Kulm, Ramsau

Das schindelgedeckte Gotteshaus stammt aus dem 12. Jahrhundert und ist eine der ältesten Kirchen im ganzen Ennstal. Ramsaus katholische Pfarrgemeinde zählt gegenwärtig ca. 420 Mitglieder gegenüber rund 2200 evangelischen Christen. Von der Kirche aus wandert man an üppig mit Blumenkästen geschmückten Häusern vorbei und am Bach entlang, bis man zu einer historischen Bauernmühle gelangt. Dabei handelt es sich

Ramsau kann sich einer der ältesten Kirchen im Ennstal rühmen: St. Rupert am Kulm (daneben das Pfarrhaus) stammt aus dem 12. Jahrhundert. Dem Kirchenpatron wurde eine Statue am Hochaltar gewidmet.

um die letzte gut erhaltene Getreidemühle der Ramsau, in früheren Zeiten sollen es 64 an der Zahl gewesen sein. Einmal wöchentlich wird die Mühle noch in Betrieb genommen.

Über einen schattigen Pfad durch den Wald erreicht man die urige Almstube Schlattinger, die sich für eine Rast anbietet. Hier werden regionale Spezialitäten und echte Hausmannskost wie knuspriger Schweinsbraten und hausgemachtes Gulasch aufgetischt. Tipp für Familien: Im Sommer gibt es hier eine Minigolfanlage. Nur wenige Meter weiter befindet sich die Lodenwalke. In dem traditionsreichen Betrieb wird seit 1434 feinster Loden aus Schurwolle hergestellt, ein ideales Material für wetterfeste Outdoor-Bekleidung. Weiter geht's wenige Meter vor der Almstube am Weg Nr. 3. Nun folgen etwa 30 Minuten auf dem Weg bergauf bis zur Sattelberghütte. Nichts spricht gegen eine zweite Einkehr: Den feinen Topfen- und/oder Schokokuchen auf der Hütte sollte man sich nämlich nicht entgehen lassen. Der Rest des Wegstücks führt durch den Wald und zurück zum Ausgangspunkt im Ortsteil Kulm.

In der Staffel 6, Folge 6, »Abgeschnitten«, ist die Kirche St. Rupert von innen zu sehen.

SCHNEESPAZIERGANG ZUR SEETHALERHÜTTE

Mitten im Sommer im Schnee stehen. Für so ein Vergnügen muss man hoch hinaus. Die Dachstein-Südwandbahn bringt einen in rund acht Minuten in den Winter.

Art: Panoramawanderung
Strecke: 4 km
Dauer: 1,5 Std.
Höhenmeter: 190 m
Begehbar: Januar bis November
Ausgangspunkt: Bergstation Dachstein-Südwandbahn

Von der Bergstation geht es ein paar Meter bergab auf das Gletscherfeld und über einen vom Pistengerät präparierten Weg zur Seethalerhütte auf 2740 Metern Höhe. Auf dem markierten und abgesteckten Gletscherweg passiert man das sogenannte Dirndl, einen markanten frei stehenden Felsgipfel. Ihn umgibt der größte Kolk der Ostalpen. Ein Kolk entsteht durch gleichmäßige Winde, die eine sichelförmige Eingrabung in den Schnee am Fuß des Felsens fräsen.

Die Seethalerhütte wurde 1929 ursprünglich als eine relativ primitive Hütte für in Not geratene Bergsteiger erbaut. Sie ist das höchstgelegene oberösterreichische Schutzhaus, der Blick auf die Bergwelt ist wunderschön und reicht bei gutem Wetter bis zum Großglockner. Der erste Hüttenwirt, Sepp Seethaler, versorgte 50 Sommer lang heroben seine Gäste. Ihm zu Ehren wurde der ursprüngliche Name Dachsteinwartehütte in Seethalerhütte geändert. Mit dem Bau der Dachstein-Südwandbahn im Jahr 1969 wurde die Versorgung der Hütte um eini-

Wem im Sommer der Sinn nach Winter steht, ist auf dem Weg zur Seethalerhütte goldrichtig. Die reizvolle Wanderung über den Gletscherweg dauert etwa eine Dreiviertelstunde (einfache Wegstrecke).

ges leichter. Von 2016 bis 2018 wurde sie komplett neu errichtet, finanziert unter anderem dank einer Spendenaktion. Die Bausubstanz des alten Gebäudes wies erhebliche Schäden auf, außerdem bewegte es sich in Richtung der rund 1000 Meter abfallenden Dachstein Südwand. Es war auf einer Doline gebaut, deren Eis durch den Rückgang des Permafrosts schmolz.

Für die Wanderung über den Gletscher zur Seethalerhütte gilt: Verlasse den Weg nicht! Außerhalb des Weges gibt es Gletscherspalten. Es werden hohe Bergschuhe und Stöcke empfohlen, Sonnen- und Windschutz.

Die alte Seethalerhütte ist zu sehen in Staffel 4, Folge 4, »Spurlos«.

Ein plätschernder Gebirgsbach, üppig grüne Wiesen und saftige Weiden, dazwischen ein paar verstreute Almhütten – das ist das Giglachkar vor den gleichnamigen Seen. Auf der Hochalm in den Schladminger Tauern weiden Kühe und Pferde. Auch Mountainbiker schätzen das Gebiet.

AUF DEM JUNGFRAUENSTEIG

Diese mittelschwere alpine Tour führt durch Wald und über Felsen auf einem steilen Schotterweg hinauf zu den Steinernen Jungfrauen, sieben aus Latschenfeldern aufragenden Felsnadeln.

Art: Alpine Tour, mittelschwer
Strecke: 7,5 km
Dauer: 4 Std.
Höhenmeter: 655 m
Beste Jahreszeit: Mai bis Oktober
Ausgangspunkt: Wanderportal Edelbrunn-Roseggersteig

Bei dieser in ganz Mitteleuropa einzigartigen Formation handelt es sich um sieben Felstürme in ungefähr 1830 Metern Höhe, am Fuß des Dachsteins. Hier oben befand sich auch der Steinbruch für das gesamte Baumaterial, aus dem die evangelische Kirche Ramsau einst errichtet wurde. Mit Ochsenschlitten wurden die Steine im Winter mühsam zur Baustelle gekarrt. Oberhalb der Steinernen Jungfrauen verlockt ein wunderschön gelegenes Aussichtsbankerl mit eigenem Postkastl zu einer kurzen Rast mit Traumblick. Was für ein prächtiger Ausblick über das Ramsauer Plateau und hinüber in die Schladminger Tauern!

Von hier geht es weiter ans untere Ende des Edelgrieß und von dort hinunter zur bewirtschafteten Austriahütte, in deren Räumen auch das kleine Dachsteinmuseum untergebracht ist. Es widmet sich zum Teil der Geschichte der Hütte, in erster Linie aber der Erschließungsgeschichte des Dachsteins, den Geschichten rund um die Südwandkletterer, der Bergrettung sowie der

Vom Jungfrauensteig bietet sich dem Wanderer ein herrlicher Rundblick über die majestätische Bergwelt, und talwärts liegt ihm das Ramsauer Hochplateau zu Füßen.

Fauna und Flora der Region. Eine neue Dauerausstellung erzählt von den vielfältigen Dachsteinbeziehungen. Was waren und sind unsere heutigen Vorstellungen vom Berg? Warum und wie nähert man sich ihm überhaupt? Und mit welchen Hilfsmitteln? Spannend und lehrreich für Groß und Klein.

Auf der Grünfläche rund um die Austriahütte erstreckt sich zwischen dem Brandriedel (1725 m) im Osten und dem Rötelstein (2247 m) im Westen das große Ramsauer Almengebiet. Die saftigen Wiesen gehen nahtlos in die Schuttkare der Dachstein Südwand über. Hinunter geht es über die Brandalm, wo im Dachsteinkircherl den abgestürzten Bergsteigern gedacht wird. Vorbei am Dachsteinhaus gelangt man schließlich zurück zum Ausgangspunkt. Der Weg hinab zur Brandalm ist übrigens in Staffel 5, Folge 6, »Eishochzeit« zu sehen.

STEIRISCHE KÜCHE: EHRLICH, BODENSTÄNDIG, GUT

Sebastian liebt Kaspressknödel. Heris Leibspeis sind steirische Kasnockerl mit grünem Salat. Andere Genießer stehen auf Sterz oder Verhackertes. Beim Wein sind sich alle einig: Der zartrosa Schilcher ist ein feines Tröpfchen.

Steirische Küche ist Alpenküche: deftig und schmackhaft, vielseitig und nahrhaft. Erde und Boden geben her, was es dazu braucht: Gemüse wie Kürbis für Suppe, »Kaiserrüben«, süß-sauer eingelegt oder zu dickflüssigem grüngoldenen Kernöl gepresst, das Suppen und Blattsalate veredelt. Übrigens: Was im letzten Jahrhundert als »Arme-Leute-Fett« galt, ist heute eine Delikatesse, die man sich etwas kosten lässt. Mais wird zu Maisgries und der wiederum zu einem goldgelben Sterz, den man in Italien als Polenta kennt. Buchweizenmehl, hier Heidenmehl genannt, wird zu »Heferlsterz« oder Kuchen verarbeitet. Vieles heißt in der Steiermark anders als in Deutschland: Germ ist die Hefe, Marillen sind Aprikosen, Ribisel Johannisbeeren, Fisolen grüne Bohnen, Karfiol Blumenkohl, Paradeiser Tomaten, Kren Meerrettich, Ritschert Rollgerste (so nennt sich auch ein sättigender Eintopf aus Bohnen, Gerste und Geselchtem), Hiefen sind Hagebutten, und Kartoffeln werden hierzulande Erdäpfel oder Kestn genannt. Zu den fleischlichen Genüssen: Grammeln sind Grieben, Faschiertes ist Hackfleisch und Schöpsernes Fleisch vom Lamm. Gar nicht so kompliziert, oder?

Ein Genuss für zwischendurch: ein Haferl Kaffee und dazu ein würziger Steirerkaskrapfen

POTPOURRI DER GENÜSSE

Ein Süppchen vorweg bildet auch in der Steiermark die Ouvertüre zu einer guten Mahlzeit. Zu nennen wären da die Oststeirische Klachelsuppe

Ein überbackenes Steirerkasbrot. Und was da nicht alles drauf ist: natürlich Ennstaler Steirerkas (ein pikanter Sauermilchkäse, auch Urkäse genannt), Röstzwiebeln, Erdäpfel, Dörrzwetschken und als Topping ein wenig Kresse.

Willkommen im »Knödelhimmel«: Da wetteifern deftige Spinatknödel mit Speckknödeln und Kaspressknödeln. Für die »Lange Nacht der Almen« wurde sogar ein Gericht aus dreierlei Knödeln »komponiert«, ähnlich der italienischen Tris di Pasta.

(die Zutaten: Scheiben von der Schweinshaxe mit viel Möhren, Sellerie, Lauch, Zwiebel und Petersilienwurzel), die es früher vorwiegend an Schlachttagen gab. Beliebt sind außerdem Knoblauchsuppe, Schottsuppe aus der Ramsau (Hauptbestandteil ist der Schotten, also Quark bzw. Topfen), Kestnsuppe (aus Kartoffeln) oder Schwammerlsuppe. Knödel sind aus der steirischen Küche ebenfalls nicht wegzudenken, egal ob Speckknödel, Hoad'nknödel (aus Buchweizenmehl) oder Kaspressknödel (in der Suppe oder auf Sauerkraut). Beliebt sind auch deftige Steirerkaskrapfen.

DIE BRETTLJAUSE

Eine Jause ist ungefähr dasselbe wie in Süddeutschland eine Brotzeit oder Vesper. Eine regionale Spezialität aus der Kalten Küche, die

Das perfekte Jausenbrettl. Von allem ist etwas dabei: Speck und Geselchtes, Käse, harte Würstl, Kren, Gürkchen, Tomaten, Peperoni und frisches Bauernbrot.

auf fast jedem Jausenbrettl zu finden ist: Verhackertes – ein deftiger Aufstrich aus klein gehacktem geräucherten Speck, Schmalz, Gewürzen, garniert mit frisch geschnittener Zwiebel. Dazu passt sowohl ein lauwarmer Krautsalat als auch ein knuspriger Erdäpfelschmarrn. Generell findet sich auf so einem Brotzeitbrettl ein bunter Mix an steirischen Schmankerln, etwa dünn geschnittener Speck, Geselchtes und Schweinernes, Hauswürstl, Verhackertes, ein paar Scheiben Käse, manchmal Käferbohnensalat (aus den Kernen der Feuerbohne, die man in Deutschland nur als Zier- und Rankpflanze kennt), frisch geriebener Kren, das Ganze dekorativ flankiert von Tomatenvierteln, sauren Gürkchen, Radieserln, Schnittlauch, Paprikaschoten oder Peperoni. Dazu wird frisches Bauernbrot und Butter gereicht.

SCHILCHER, MOST UND MEHR

Wenn es ein Glas Wein zum Essen sein darf, dann bietet sich der nach Beeren duftende Schilcher an, der als ältester Roséwein Österreichs gilt, eine zartrosa Farbe hat und jedem Buschenschank zur Ehre gereicht. Aber auch Welschriesling, Gewürztraminer, Müller-Thurgau und Sauvignon blanc sind beliebt. Wenn es sehr warm ist, dann bestellt man einen »Gespritzten« (halb Wein, halb Wasser). Ein fruchtiger Apfelmost ist ebenfalls eine spritzige Angelegenheit. Und dass es in dieser Region auch gutes, süffiges Bier gibt, braucht sicher nicht weiter erwähnt zu werden.

In den hiesigen Flüssen, Seen und Teichen tummeln sich Forellen – die hier Forchen heißen –, Karpfen und Zander. Karpfen wird in der Steiermark vorzugsweise als Gulasch serviert und nicht gesotten oder paniert wie anderswo. Natürlich stehen auch deftige Braten vom Schwein (Ofenbraten), steirisches Wurzelfleisch (Schwein), Mostbraten (Rind), Bauernschöpsernes (Lamm) und resches Backhendl auf der Speisekarte. Und weil die Region Schladming-Dachstein reich an Wald und Wild ist, bietet die Küche auch erlesene Wildbretspezialitäten: darunter kräftige Gamssuppe, Wildschweinschinken, Hirschwürstel, Sulz vom Reh, Wildkäsekrainer, Ragout vom Wild, Braten vom Fasan, vom Rebhuhn oder von der Wildente …

IM PARADIES DER MEHLSPEISEN

Menschen mit süßem Gaumen krönen ihr Mahl mit einer Mehlspeise, wie es sie nur in Österreich gibt: Weinbackerl, Türkentommerl (eine Art Auflauf), Ramsauer Perchtstrauben, ein fruchtiger Weintrauben- oder Apfelstrudel, Zwetschken- oder Apfelflecken (ein himmlisches Dessert aus Hefe- oder Mürbteig). Und wem nach einem üppigen Mahl der Sinn nach einem Verdauungsschnapserl steht, der hat die Qual der Wahl zwischen Apfel, Birne, Quitte, Marille, Zwetschke, Kirsche, Himbeere, Holunder- oder Vogelbeere (Eberesche). Da bleibt nur noch zu sagen: wohl bekomm's!

Zu Füßen des mächtigen Dachsteinmassivs erstreckt sich der kleine Ort Ramsau: ein beliebter Ferienort, ein prämiertes Wanderdorf, ein Paradies für Bergsteiger, Kletterer, Skifahrer und Tourengänger. Und nicht zuletzt Drehort und Wirkungsstätte der TV-Bergretter.

WISSENSWERTES ÜBER DIE RAMSAU

MIT DER BERGBAHN IN DIE DACHSTEIN-GLETSCHERWELT

Um den Weitblick vom Dachstein genießen zu können, muss man kein Bergsteiger sein. Der höchste Gipfel der Steiermark lässt sich ganz bequem und mühelos mit der Gletscherbahn erreichen.

Schon die Auffahrt in der verglasten, gelb-schwarzen Panoramagondel ist ein Erlebnis. Es wird dabei eine Strecke von 2147 Metern und fast 1000 Meter Höhenunterschied überwunden, und das ohne eine einzige Stütze. Die beste Aussicht hat man während der Fahrt vom Gondelbalkon, der Blick schweift bis nach Tschechien und zum slowenischen Triglav-Gebirge.

Auf 2700 Metern Seehöhe angekommen, erlebt man direkt neben der Bergstation am Skywalk, der spektakulärsten Aussichtsplattform der Alpen, nicht nur einen einzigartigen Aus-, sondern auch einen atemberaubenden Tiefblick. Keine Angst, der Dachstein Skywalk ist absolut sicher! Die Stahlkonstruktion mit einem Gewicht von 40 Tonnen trotzt Windgeschwindigkeiten von bis zu 210 Stundenkilometern, kann acht Meter Schneelast tragen und bietet Platz für 150 Personen.

Die »Treppe ins Nichts«. Seit Sommer 2013 schließen 14 gläserne Stufen direkt an die Hängebrücke an. Sie führen zu einem Podest mit schwindelerregendem Blick in die Tiefe.

DRAHTSEILAKT

Die Anfänge der Dachsteinerschließung reichen zurück bis 1877, als im nördlichen Dachsteinmassiv die Simonyhütte errichtet wurde. Benannt

wurde sie nach dem österreichischen Alpenforscher und Geografen Friedrich Simony, der durch seine Forschungen auf dem Dachsteinplateau Bekanntheit erlangte. Die Schutzhütte gehört dem Österreichischen Alpenverein und steht auf einer Kuppe unterhalb des Hallstätter Gletschers. Seit 1961 kann man über die mautpflichtige Dachsteinstraße von Ramsau bis hinauf zur Türlwaldhütte fahren. Die Straße war die Voraussetzung, um von hier die Dachstein-Südwandbahn zu bauen, die 1969 ihren Betrieb aufnahm. Für die Bergstation am Hunerkogel musste der Gipfel des ursprünglich 2694 Meter hohen Berges weggesprengt werden. Seither misst er nur noch 2687 Meter. Da es damals auf dem Berg keine Stromversorgung gab, erfolgte der Antrieb der Bahn mit Dieselmotoren. Erst 2003 wurde eine Stromleitung auf den Hunerkogel gelegt, sodass die Seilbahn 2004 auf elektrischen Antrieb umgestellt werden konnte. Von den beiden 2013 neu installierten Gondeln ist eine die weltweit erste mit Balkon.

INFOS

- *Die Dachstein-Südwandbahn ist täglich von 8 bis 17.20 Uhr geöffnet, Hängebrücke, Eispalast und »Treppe ins Nichts« von 9 bis 16.15 Uhr. Hunde werden nur mit Leine und Maulkorb befördert. Gerade in den Sommermonaten ist das Angebot am Dachsteingletscher stark von den Wetter- und Schneeverhältnissen abhängig. Im tagesaktuellen Gletscherbericht findet man Informationen zum Wetter sowie das Zusatzangebot am Dachsteingletscher.*

- *Tickets und Fixplätze für die Gondelfahrt können online gebucht werden. Das Online Kombi-Ticket für Erwachsene kostet 59,50 Euro (Berg- und Talfahrt mit der Panoramagondel, Eintritt zur Dachstein Hängebrücke und »Treppe ins Nichts«, Zutritt zu Attraktionen wie Dachstein Himmelsleiter, Energiekristall und Verlobungsplatzerl sowie minus 10 % Rabatt auf alle Produkte im Dachstein-Shop). Jugendliche zahlen 45,50 Euro, Kinder (ab 6 J.) 30,50 Euro, Kinder (bis 6 J.) gratis.*

- **Spezialfahrten:** *Im Juli/August gibt es im Gletscherrestaurant am Dachstein ein Sonnenaufgangsfrühstück (Frühstücksbüfett). Die ersten Fahrten starten im Hochsommer schon um 4 Uhr morgens. Der Preis für die Berg- und Talfahrt inkl. Frühstücksbüfett und Besuch aller Dachstein-Attraktionen beträgt 103 Euro (Erw.), 72 Euro für Kinder (ab 6 J.).*

- *Die Talstation der Dachstein-Südwandbahn erreicht man mit dem Pkw von Ramsau aus über eine Mautstraße, deren Benutzung für Seilbahngäste kostenlos ist. Außerdem fährt der Dachsteingletscher Linienbus.*

Dachstein Gletscherbahn Ramsau,
Schildlehen 79, A-8972 Ramsau am Dachstein,
Tel. +43/3687/220 42-800, www.derdachstein.at

AUF DER TREPPE INS NICHTS

Weiter geht's über Österreichs höchstgelegene, ein Meter breite und 100 Meter lange Hängebrücke und dann 14 schmale Stufen, die »Treppe ins Nichts«, hinab, wo man direkt in der Felswand auf einem Glaspodest steht, 400 schwindelerregende Meter über dem Wandfuß. Für einen zusätzlichen Adrenalinkick geht es zwölf Stufen hinauf über die Dachstein Himmelsleiter auf ein schier freischwebendes Glaspodest. Tief im Inneren des Dachsteingletschers wartet schließlich noch der Eispalast mit der neuen Ausstellung »Hinauf auf die Berge«. Im Gletscherrestaurant genießt man nicht nur eine Fülle steirischer

IM NEUEN GEWAND

Von September 2023 bis zum Mai 2024 wurde die Bergstation Hunerkogel der Dachstein-Südwandbahn einem Komplettumbau unterzogen und das Gebäude aus dem Jahr 1969 bis auf ein Stahlgerüst komplett entkernt. Für rund acht Monate war es die höchste Baustelle Österreichs auf 2700 Metern Höhe. Die Arbeiten glichen einer logistischen Meisterleistung. Ein 40 Meter hoher Kran war extra für diese Baustelle konzipiert worden und musste so verankert werden, dass er den extremen Windgeschwindigkeiten am Berg standhält. Es wurden unter anderem ein neues Restaurant mit Glasfassade und neue Aussichtsplattformen wie etwa die Himmelsleiter errichtet. Kernstück des Umbaus ist eine Photovoltaik-Verkleidung, mit der bis zu 80 Prozent der Energie für die Bergstation selbst erzeugt werden können. Bevor die umgebaute Gletscherbahn in Betrieb genommen wurde, übten Feuerwehr, Bergrettung, Polizei, Rotes Kreuz und Flugrettung den Ernstfall. Die Vorgaben umfassten zum Beispiel einen Brand in der Dachstein-Bergstation, aus der die zum Teil verletzten Gäste mithilfe eines Hubschraubers und der Materialseilbahn in Sicherheit gebracht werden mussten. Auch der Stillstand der Gondeln wurde simuliert. Weitere Szenarien waren die Suche und Rettung einer vermissten Person am Hunerkogel-Klettersteig sowie die Bergung einer verletzten Person bei der »Treppe ins Nichts«.

Köstlichkeiten, sondern auch einen atemberaubenden 280-Grad-Blick, genauso wie von der großzügigen, windgeschützten Außenterrasse. Noch etwas macht das Restaurant einzigartig: Die Landesgrenze der Bundesländer Steiermark und Oberösterreich führt mitten durch das Lokal.

LANGLAUF UND SKITOUREN

Alpines Skifahren ist auf dem Dachsteingletscher nicht mehr möglich, der Skibetrieb wurde im Winter 2022/23 eingestellt. Der Schnee- und Gletscherschwund sowie der extrem hohe Aufwand bei der jährlichen Umsetzung der ins Gletschereis verankerten Liftstützen waren die Hauptgründe. Der Dachstein eignet sich aber nach wie vor hervorragend zum Winterwandern, Langlaufen oder Skitourengehen. 2700 Meter über dem Meeresspiegel erstrecken sich die längsten Gletscherloipen der Welt – und das umgeben von einer grandiosen Bergkulisse.

In nur sechs Minuten schweben Dachstein-Besucher mit der gläsernen Panoramagondel von der Talstation in Ramsau auf den Gipfel oder wieder hinab: Traumblick im Preis inbegriffen.

1 Almrausch, auch als Alpenrose bekannt

2 Das Murmeltier, die Einheimischen nennen den Nager »Mankei«

3 Der Steinadler, ein imposanter Alpenbewohner

4 Gämsen, die ersten Kletterfreaks der Region

ALPINE FLORA UND FAUNA

Blanker Fels und bläulich schimmerndes Gletschereis sind nur eine Seite des Dachsteinmassivs. Die andere: Almwiesen, alpine Flora, Au- und Nadelwälder, am Himmel kreisende Steinadler, Auerhähne und Birkhühner, flinke Gämsen und Murmeltiere.

Der Dachstein liegt an der Grenze der Kernzone des UNESCO-Weltkulturerbe-Gebietes Hallstatt-Dachstein/Salzkammergut und gehört von oberösterreichischer Seite zum Europa- und Naturschutzgebiet Dachstein, steirischerseits zum Naturdenkmal Dachstein Südwand. In dieser Region lebt der König der Lüfte: der Steinadler. Hoch über dem Dachsteinmassiv zieht er seine Kreise. Markant und selbst vom Boden aus erkennbar sind die auffällig gefingerten Schwingen seines braunen Gefieders. Der Steinadler baut seinen Horst bevorzugt in Felswänden. Er lebt monogam und zieht seine Jungen gemeinsam mit dem Partner auf. Um 1900 war sein Bestand in den österreichischen Alpen stark zurückgegangen. Bis heute gilt er als gefährdet und steht unter Schutz. Zu seinen Beutetieren zählen auch Murmeltiere. Die kleinen plüschigen Tiere werden im Dialekt auch Manggei oder Mankei genannt. Eine ganze Murmeltierkolonie lebt auf der Bachlalm, zwischen Filzmoos und Ramsau. Dort haben sich die sonst so scheuen Tiere an Wanderer gewöhnt, manchen fressen sie sogar aus der Hand. Murmeltiere sind Winterschläfer. Bis zu sieben Monate im Jahr verbringen sie in ihren unterirdischen Höhlen und zehren in dieser Zeit ausschließlich von ihren Fettreserven. Den im Alpenraum selten gewordenen Auerhahn kann man mit etwas Glück auf dem Dachsteinplateau beobachten. Mit seinem Balzgesang, der aus verschiedenen Strophen besteht, leitet er den Frühling in den Bergen ein.

ÜBERLEBENSKÜNSTLER

Im Gebiet um den Dachstein kommt eine üppige Vielfalt an Pflanzenarten vor, die mit ansteigender Höhe variiert. Wenn die Temperaturen zurückgehen, Niederschlag, Sonneneinstrahlung und Wind dafür an Intensität zunehmen, müssen sich Pflanzen anpassen, so wie die bewimperte Alpenrose – besser bekannt als Almrausch –, der Blaue Eisenhut oder der Frauenschuh (eine Orchideenart). Während man in den tieferen Regionen des Dachsteingebietes vor allem Auwälder und verschiedene Hangmischwälder vorfindet, wachsen am Plateau reine Nadelwälder mit Lärchen und Fichten. An der Baumgrenze dominiert die Zirbe oder Zirbelkiefer.

Ramsauer Hochplateau: Vor den Augen breitet sich eine ländlich-alpine Idylle aus, die man gern für immer festhalten möchte – und sei es nur mit Handy oder Kamera. ▷

LOGENPLATZ RAMSAU

Die Ramsau ähnelt dem saftigen ländlichen Auenland aus der Fantasyfilmreihe »Herr der Ringe«. Sie liegt auf einem Hochplateau – abgeschieden wie eine Insel und gleichzeitig wie der sonnige Balkon des Dachsteins.

Man fühlt sich hier in über 1000 Metern Höhe so weit ab von allem, dabei ist das etwa 350 Höhenmeter tiefer gelegene Schladming nur zwölf Autominuten entfernt. Früher war die Straße einspurig und nur morgens eine Stunde lang für die Bergfahrt freigegeben, aber das ist lange her.

In Ramsau treffen die österreichischen Bundesländer Steiermark, Oberösterreich und Salzburg zusammen. Man blickt von fast jedem Winkel des Ortes nicht nur steil hinauf aufs Dachsteinmassiv, sondern auch hinüber auf die Schladminger Tauern und weit hinein ins steirische Ennstal. Seit 1954 lautet der korrekte Name der rund 3000-Seelen-Gemeinde übrigens nicht einfach nur Ramsau, sondern Ramsau am Dachstein.

DIE ZWEI: SEBASTIAN & MARKUS

Seit mehr als zehn Jahren verbringe ich (Sebastian) in der Ramsau viel Lebenszeit. Sie ist nicht nur mein Arbeitsplatz, sondern auch ein Zuhause geworden. Ich fühle mich sehr verbunden mit dem Ort, mit dem Dachstein, mit der Umgebung, mit der Bevölkerung. Ich erlebe die Menschen offen und freundlich, und ich hoffe, sie spüren, wie gerne ich hier bin, wie viel Spaß mir meine Arbeit bringt, wie sehr mich die Begegnungen mit ihnen bereichern. Natürlich werde ich in Ramsau ständig erkannt, angesprochen und um Selfies gebeten. Manchmal kriege ich den Hauch einer Ahnung, wie sich Stars in Hollywood fühlen müssen. Einige Fans sagen in der Aufregung manchmal Markus zu mir und werden dann vom Partner oder vom Kind korrigiert, was ich sehr amüsant finde, denn ich reagiere längst auf beide Namen.

In Ramsau fällt es leicht, zur Ruhe zu kommen, abzuschalten. Dass der Ort von seiner geografischen Lage sehr exponiert ist, war wohl einer der Hauptgründe, warum sich hier über Jahrhunderte der Protestantismus gehalten hat. Als Martin Luther 1534 die Bibel aus dem Lateinischen ins Deutsche übersetzte, fand er in abgeschiedenen Bergtälern viele Anhänger – sehr zum Missfallen der katholischen Obrigkeit, die hart

Das Gedenkkreuz am Predigtstuhl ist ein Symbol für die Gegenreformation, die Zeit, in der der Ramsauer Toleranzweg ins Leben gerufen wurde – Treffpunkt der protestantischen Bevölkerung.

durchgriff. Die Ramsauer Bauern gelten in Österreich als Pioniere des Lutherglaubens, der nur im Verborgenen praktiziert werden konnte. »Geheimprotestantismus« nennt man deshalb diese Zeit, in der sich der Bibel- und Bücherschmuggel ausbreitete. Vor allem aus Sachsen stammende Bergknappen, die in den Schladminger Tauern Zink, Kupfer und Silber abbauten, brachten die lutherischen Bibeln heimlich in entlegene Enklaven wie die Ramsau. Die älteste Lutherbibel Österreichs aus dem Jahr 1536 befindet sich bis heute im Besitz der Ramsauer Familie Wieser vom gleichnamigen Wieserhof.

PATENTIERTE TOLERANZ

Als 1781 Kaiser Joseph II. im Rahmen seiner Reformen sein »Toleranzpatent« erließ und eine freiere Ausübung der Religion erlaubte, bekannten sich in Ramsau quasi über Nacht 127 von 130 Familien zum evangelischen Glauben. Seit 2008 führt ein evangelischer Pilgerweg durch Österreich, der »Weg des Buches«, der den historischen Spuren der Bibelschmuggler folgt. Dieser Weg wurde im Herbst 2008 in Ramsau eröffnet, führt durch Kärnten, Niederbayern und soll um Wegstücke nach Triest in Italien und nach Zwickau in Sachsen erweitert werden.

Die Überquerung des Dachsteingebirges ist die Königsetappe des Weges. Von der evangelischen Kirche in Ramsau, gleich hinter unserem Film-»Bergretter«-Büro, wandert man auf dem Lehrpfad Toleranzweg (etwa 1 Std.) hinauf zum Predigtstuhl, wo sich die Ramsauer Protestanten früher heimlich zum Gottesdienst trafen. Schautafeln erzählen die Glaubensgeschichte.

In der Ramsau herrscht ein sehr sanfter Tourismus, auch wenn der Ort jährlich um die 700 000 Gästeübernachtungen zählt. Jeder dritte neue Gast

KLERIKALE KRAPFEN

Sollte Sie jemals zwischen einem evangelischen und einem katholischen Krapfen wählen dürfen, der Unterschied und Hintergrund ist dieser: Auf dem sonnendurchfluteten Hochplateau der Ramsau gedieh schon immer der Weizen, in Schladming hingegen nur der Roggen. Die evangelischen Krapfen werden daher aus Weizenmehl gebacken und wahlweise mit Honig oder steirischem Hartkäse serviert, während die katholischen Krapfen aus Roggenmehl sind und in heißem Schweineschmalz frittiert werden. Folglich sind die evangelischen Krapfen bis heute aus Weizenmehl und schmecken süß genauso gut wie salzig (mit Käse). Die katholischen Krapfen sind dagegen nach wie vor aus Roggenmehl und werden in Schweineschmalz herausgebacken.

Ein »woazener« oder evangelischer Krapfen

Zu guter Letzt gibt es noch den Bauernkrapfen, der mit Konfession gar nichts am Hut hat: mit Puderzucker und einem Klecks Marmelade in der Mitte.

kommt mittlerweile wegen der »Bergretter« hierher. Das Dorfbild prägen traditionelle steirische Höfe, geschmückt mit üppigen Blumen. Die Lebensweise ist bäuerlich, naturnah, ursprünglich. Bettenburgen oder große Hotelkomplexe gibt es nicht, dafür viele Familienbetriebe, Privatzimmer und Pensionen. In die Ramsau muss man hinwollen, in die Ramsau verirrt man sich nicht zufällig. Im Winter ist das Hochplateau ein hervorragendes Langlaufgebiet, wo Spitzensportler trainieren und der Weltcup der Nordischen Kombinierer jedes Jahr Station macht. im Jahr 1999 fanden hier sogar die Nordischen Skiweltmeisterschaften statt. Als im Winter 2019 eine große Lawine aus dem Eiskar am Ortsrand niederging und das Hotel Kirchenwirt verschüttete, kamen die etwa 60 Gäste glücklicherweise mit dem Schrecken davon.

ALLGEMEINES

Ramsau am Dachstein ist eine Gemeinde im Bezirk Liezen, im Nordwesten des österreichischen Bundeslandes Steiermark gelegen, am Länderdreieck Steiermark, Oberösterreich und Salzburg. Der Ort hat rund 2950 Einwohner, ist das ganze Jahr ein beliebtes touristisches Ziel und hat etwa die doppelte Anzahl (6500) an Gästebetten. Ramsau liegt am Fuß des Dachsteinmassivs, auf einem Hochplateau auf 1100 bis 1700 Meter über Seehöhe. Im Süden erheben sich die Schladminger Tauern, von Ost nach West verläuft das Ennstal.

ANREISE UND ANKUNFT

Mit dem Auto

Von **Westen** kommend geht es über die Autobahn A8 München–Salzburg und weiter über die Tauernautobahn (A10) bis zum Knoten Ennstal. Von dort sind es über die Ennstal Bundesstraße (B320) nur noch etwa 25 Kilometer in die Region Schladming-Dachstein. Von **Osten** kommend erfolgt die Anreise über Wien (A23) und die Südautobahn (2), weiter über den Semmering (S6) bis zum Knoten St. Michael. Von dort geht es über die Pyhrn-Autobahn (A9) bis zum Knoten Liezen und auf der Ennstal Bundesstraße (B320) in die Region Schladming-Dachstein. Von Südosten kommend nimmt man die Pyhrn-Autobahn (A9) bis zum Knoten Liezen und auf der Ennstal-Bundesstraße (B320) bis Schladming-Dachstein. Von Süden kommend geht es über die Tauernautobahn (A10) bis zum Knoten Ennstal (weiter wie zuvor beschrieben).

Mit der Bahn (ÖBB/DB)

Die Eurocity- und Intercity-Züge der **ÖBB** fahren alle 2 Std. durch das Ennstal. Es gibt Direktverbindungen von Graz, Innsbruck und Salzburg. Von Wien geht es im 2-Std.-Takt mit Umstieg in Leoben in knapp 4 Std. nach Schladming. An Freitagen verkehren ganzjährig Schnellzüge von Wien nach Schladming (an Sonntagen retour von Schladming nach Wien). Ab Graz oder Salzburg fahren alle 2 Std. direkte EC/IC-Züge; Reisende aus Linz steigen am besten in Selzthal nach Stainach-Irdning/Schladming um.
www.oebb.at

Aus Deutschland reist man mit der **DB** entspannt nach Schladming-Dachstein. Reisende aus Norddeutschland, Berlin oder der Region Rhein-Ruhr nehmen den ICE nach München, von dort haben sie Anschluss nach Schladming (täglich Direktverbindungen mit dem EuroCity).
www.bahn.de

Busnetz vor Ort

Die Linie 960 fährt von Schladming über Ramsau Ort zur Talstation der Dachstein-Gletscherbahn.
www.rvb.at/de/dachstein-bus-reisen/fahrplan-linie.html

Dank Wander- und Tälerbusse kann man am Urlaubsort sein Auto stehen lassen und umweltfreundlich mobil sein.
www.schladming-dachstein.at/de/Nachhaltigkeit/Busfahrplan

Im Winter bringt einen der Skibus (zum Nulltarif mit Skipass) bequem zur Piste. Wer ohne Ski unterwegs ist, nutzt das maßgeschneiderte Winterwanderticket, um die Bergwelt zu erkunden.

E-MOBILIÄT

Die E-Mobilität wird durch die Bereitstellung von über 50 Tankstellen für Elektrofahrzeuge mit über 125 Ladepunkten unterstützt. Für E-Bikes gibt es über 30 Ladestationen und zusätzliche Standard-Steckdosen für mitgebrachte Ladegeräte.

PRAKTISCHES

Ramsau ist Mitglied im Tourismusverband Schladming-Dachstein: **www.schladming-dachstein.at**

Infobüro Ramsau am Dachstein
Ramsau 372, A-8972 Ramsau am Dachstein
Tel. +43/36 87/233-10
E-Mail: info@schladming-dachstein.at

Schladming-Dachstein App
Infos zu Events, Fahrplänen etc. sowie Buchung von Langlauftickets oder einer Dachsteingondel.
app.schladming-dachstein.at/download

Schladming-Dachstein Sommercard
Sie bietet freien oder ermäßigten Zugang zu einem Riesenangebot an Freizeitmöglichkeiten. Gültig von Mai bis Nov., bei über 1000 Sommercard-Gastgebern erhältlich (auch digital).
www.schladming-dachstein.at/PDF/Sommercard/sommer-de-2024.pdf

REISEWETTER

In der Region herrscht ein gemäßigtes, aber kaltes Klima. Im Januar betragen die Temperaturen -5,2 °C. Wärmster Monat ist der Juli mit 13,9 °C.

Wanderbusse sorgen für Bequemlichkeit und schonen Natur und Umwelt.

»Völlig losgelöst von der Erde …«. Da soll nochmal einer sagen, dass Bergluft und Arbeit im Freien nicht einen spürbar positiven Einfluss auf Körper, Geist und Seele haben! (V.l.n.r.: Katharina, Markus, Rudi und Michi, fehlt nur noch Bergretter Tobi, der hat vermutlich vor lauter Glückshormonen bereits abgehoben.)

WO DIE BERGRETTER ZU HAUSE SIND

DIE DREHORTE

Hauptdrehort und gleichzeitig Hauptdarsteller ist natürlich der Berg, der Dachstein. Darüber hinaus gibt es andere wichtige Schauplätze wie Einsatzzentrale, Wohnhaus, Krankenhaus, Alm und Klamm.

BACHLALM, FILZMOOS

Die Bachlalm befindet sich auf einer Höhe von rund 1500 Metern im Dachsteingebiet. Hier hat unter anderem in der ersten Staffel die Hochzeit von Stefan Hofer, dem Chef der hiesigen Bergwacht, und Emilie stattgefunden. Die Almhütte (nicht ständig bewirtschaftet!) kann mit einem Shuttlebus oder zu Fuß erreicht werden. Von dort aus lassen sich unterschiedliche Wanderungen unternehmen, zum Beispiel zur Dachstein Südwandhütte. Die Bachlalm ist für ihre zahmen Murmeltiere (s. S. 162) bekannt, die sich manchmal sogar von Hand füttern lassen.

»BERGRETTER«-ZENTRALE, RAMSAU AM DACHSTEIN

Im Ortskern von Ramsau, gleich unterhalb der evangelischen Kirche, ist die »Bergretter«-Zentrale der ZDF-Serie eingerichtet. In diesem Büro werden im Film die Notrufe entgegengenommen sowie die Rettungsaktionen geplant und gestartet. Oft parkt vor dem Gebäude der Jeep der Bergretter. In dem Haus, in dem sich die »Bergretter«-Zentrale befindet, ist das sogenannte PHP. Es gehört der Familie Brucker, die direkt gegenüber das gleichnamige Hotel betreibt. Die Räumlichkeiten werden ausschließlich für Dreharbeiten genutzt. Die Einsatzzentrale der »richtigen« Bergrettung befindet sich in einem anderen Gebäude im Ort.

EVANGELISCHE KIRCHE, RAMSAU AM DACHSTEIN

Die evangelische Kirche befindet sich im Ortskern von Ramsau. In vielen »Bergretter«-Folgen ist sie im Hintergrund zu sehen. Auch bei Gästen ist das Gotteshaus ein beliebtes Fotomotiv, denn in seinem Rücken erhebt sich das imposante Dachsteinmassiv. Geplant wurde das Gebäude mit dem 42 Meter hohen Kirchturm vom Nürnberger Architekten Hans Kieser (1853–1925), es war sein erster Kirchenbau. Mit 750 Sitzplätzen ist er im neuromanischen Stil mit einem klassischen Kreuzgrundriss erbaut. Ihr besonderes Gepräge erhielt die Kirche im Inneren durch die Emporen, die zur Gänze aus Holz gefertigt sind, das damals von den Ramsauer Bauern unentgeltlich zur Verfügung gestellt wurde. Die Grundsteinlegung der Kirche fand im Jahr 1888 statt, ihre Einweihung sieben Jahre später. Bis heute

In vielen »Bergretter«-Folgen war die evangelische Kirche Ramsau bereits als Statist zu sehen. Dahinter setzt sich die mächtige Kulisse des Dachsteinmassivs dekorativ in Szene.

sind mehr als 75 Prozent der Ramsauer Einwohner evangelisch.

HOF EMILIE, RAMSAU AM DACHSTEIN

Der Hof Emilie ist einer der Hauptdrehorte der Fernsehserie »Die Bergretter«. Hier wurden schon so viele spannende und emotionale Szenen rund um das Leben der Hauptdarsteller aufgenommen. Der Pernerhof, wie er eigentlich heißt, befindet sich in Privatbesitz, stammt aus dem 17. Jahrhundert und bietet einen grandiosen Blick auf die Schladminger Tauern und das Dachsteinmassiv. Der prächtige Bauernhof wird als Bio Betrieb mit Rindern und Schafen geführt. Das Wohnhaus selbst ist nicht bewohnt. Von Mitte Mai bis Mitte Oktober ist der Pernerhof jeden Freitag für Besucher geöffnet. Zwischen 10 und 12 Uhr kann er von innen besichtigt werden. Auf der Zufahrt, die direkt zum Hof führt, gilt ein absolutes Fahrverbot. An der Hofeinfahrt steht ein Parkplatz für Besucher zur Verfügung.

Von der Ortsmitte Ramsau aus erreicht man das stattliche Anwesen in circa 30 Minuten bequem zu Fuß (2 km entfernt).

KRANKENHAUS, KLINIK DIAKONISSEN SCHLADMING

Das Krankenhaus in Schladming dient seit Jahren als Kulisse für »Die Bergretter«. In kaum einer Folge dürfen die Räumlichkeiten sowie der Helikopterlandeplatz der Klinik fehlen. Die Dreharbeiten finden bei laufendem Krankenhausbetrieb statt. Es müssen daher umfangreiche Vorbereitungen getroffen werden, um den Routine- und Notfallbetrieb nicht zu behindern. Die moderne Klinik Diakonissen wurde 2006 neu errichtet. Sie übernimmt den Auftrag der medizinischen und pflegerischen Versorgung von Bevölkerung und Gästen im oberen Grenztal. Mit circa 350 Mitarbeitern steht rund um die Uhr ein qualifiziertes und professionelles Team zur Verfügung.

Hier wurden schon viele spannende und emotionale Szenen gedreht: der idyllische Hof Emilie aus dem 17. Jahrhundert, der in Wirklichkeit Pernerhof heißt.

KAUNERTAL, TIROL

Im Kaunertal fängt das ndF-Filmteam hochalpine Motive rund um das Gletscherrestaurant Weißsee ein. Auch ein dramatischer Hubschrauberabsturz wurde hier schon inszeniert. Szenen wie Gletscherspaltenrettungen und Gletschereinbrüche werden gerne auf dem Nörderjoch oder dem Karlesjoch auf über 3000 Metern Höhe gedreht, für Schneemobilabstürze oder Lawinenverschüttungen dient häufig das Krummgampental als Location. Weitere Drehorte sind der Vordere Nörderberg, der unter anderem für die Kulisse einer nachgebauten Mondstation diente, und der Fernergries mit seiner Hütte am See und dem Eislaufplatz.

SILBERKARKLAMM, RAMSAU AM DACHSTEIN

Die romantische Wildwasserklamm im Herzen des Dachsteinmassivs diente schon mehrmals als Filmkulisse. Hier können spektakuläre, actionreiche Aufnahmen besonders gut in Szene gesetzt werden. Nicht nur beim Filmteam ist die Silberkarklamm beliebt, sondern auch bei Wanderern und Kletterern, denn dort laden gleich drei Klettersteige (s. S. 80) zum Kraxeln ein. Der Weg zur Klamm führt teilweise über Holzstufen und Brücken durch großartige, wilde Natur. Auf der Silberkarhütte wird man mit Produkten vom Bio-Bauernhof verwöhnt und genießt einen Traumblick von der Sonnenterrasse.

STODERZINKEN, GRÖBMING

Mit seinem berühmten Friedenskircherl ist der Stoderzinken bei Grödming im Kemetgebirge über die zwölf Kilometer lange und höchste Alpenstraße der Steiermark erreichbar. Das macht ihn zur idealen Location für aufsehenerregende Autoszenen oder Verfolgungsjagden. Neben abstürzenden Pkw, Wohnwägen und Motorrädern werden hier auch gerne Bergrettungsszenen gedreht. Der Stoderzinken gilt als beliebter Aussichtsberg in der Region Schladming-Dachstein. Das 1902 vom steirischen Bergbaupionier Emil Ritter von Horstig erbaute Friedenskircherl erreicht man vom Parkplatz Steinach aus zu Fuß auf einem Steig in circa 30 Minuten.

WILDE WASSER, SCHLADMING ROHRMOOS-UNTERTAL

Für Aufnahmen mit oder im Wasser sind die »Wilden Wasser« ein bewährtes Filmmotiv und ein einmaliges Naturerlebnis obendrein. Der Alpinsteig »Durch die Höll« verläuft entlang des Riesachwasserfalls. Hier donnert das Wasser über zwei Stufen hinab ins Tal. Die sich darüber spannende Hängebrücke hat schon in etlichen Filmszenen eine Rolle gespielt. Besonders zur Schneeschmelze im Frühjahr bieten die »Wilden Wasser« ein imposantes Naturschauspiel. Dagegen gewährleisten der Riesachsee und das malerische Almgebiet drumherumzu jeder Jahreszeit ruhige und idyllische Aufnahmen.

FAN-VERANSTALTUNGEN

Natürlich ist auch der Rettungshubschrauber für Fans, die auf den Spuren der »Bergretter« wandeln, ein Blickfang.

AUF DEN SPUREN DER »BERGRETTER«

Jeden Freitag von 10 bis 12.30 Uhr bietet die Tourismusregion Schladming-Dachstein eine geführte Wanderung zu den Originalschauplätzen der ZDF-Serie »Die Bergretter« an. Der Start der einfachen und gemütlichen Tour ist bei der »Bergretter«-Zentrale in Ramsau Ort. Nach einer kurzen Besichtigung geht es in circa 30 Minuten Gehzeit weiter zum Pernerhof beziehungsweise dem Hof Emilie in der TV-Serie. Neben der Besichtigung der Schauplätze erfährt man hier auch alles Wichtige rund um »Die Bergretter«. Die Teilnahme an der geführten Wanderung ist kostenlos, eine Anmeldung nicht erforderlich. Sie findet von Mai bis Oktober bei jedem Wetter statt.

DER »BERGRETTER«-FANTAG

Seit 2022 gibt es immer am ersten Freitag im Juni den »Bergretter«-Fantag. Er findet am Abend vor dem großen Frühlingsfest statt. Rund 1500 Fans reisen dafür aus ganz Europa an. Am Vormittag bekommen sie am Sprungschanzengelände in Ramsau einen Einblick in die Welt der echten Berg- und der ÖAMTC-Flugrettung. Auch der Hubschrauber »Christophorus 14« ist mit von der Partie. Die Zuschauer verfolgen einen spektakulären, nachgestellten Bergrettungseinsatz, bei dem die Schauspieler der Serie ebenfalls eine Rolle übernehmen. Am Nachmittag gehört den Stars dann die Bühne im großen Festzelt. Sie geben exklusiven Einblick rund um »Die Bergretter«, beantworten viele Fragen der Fans und stehen für unzählige Gruppenbilder zur Verfügung. Die Tickets für den »Bergretter«-Fantag sind bereits ab dem Staffelstart im November erhältlich. Die

Teilnahme kostet 49 Euro für Erwachsene und 35 Euro für Kinder von 6 bis 12 Jahren. An den Fantag schließt das beliebte »Frühlingsfest der Pferde« an, es lohnt also, einen Tag länger zu bleiben.

www.schladming-dachstein.at

DIE ORIGINAL »BERGRETTER«-FANWANDERUNG

Die »Bergretter«-Fanwanderung ist seit nunmehr zwölf Jahren zur Tradition in Ramsau am Dachstein geworden. Am zweiten Wochenende im September haben rund 450 Fans die Gelegenheit, die Hauptdarsteller rund um Markus Kofler alias Sebastian Ströbel und sein Team ganz nah zu erleben. Das abwechslungsreiche Programm erstreckt sich über drei Tage. Mittwoch und Donnerstag ist Check-in bei der Touristinfo Ramsau. Am Freitag hat man die Wahl zwischen einer gemütlichen oder einer sportlichen Wanderung. Samstag geht es bei der berühmten Fanwanderung zum Hof Emilie, wo auch die Abendveranstaltung mit den Stars stattfindet. Für den Sonntag können Hubschrauberflüge gebucht werden. Das Fan Package kostet 179 Euro pro Person und beinhaltet die Wanderung am Freitag inklusive eines Lunchpaketes, die Fanwanderung am Samstag mit den Schauspielern, den Zugang zur Autogrammstunde am Samstag und den Zugang zur Abendveranstaltung inklusive Büfett.

www.schladming-dachstein.at

Mit ihren Stars auf Tuchfühlung: Bei der Fanwanderung ist das der Fall (im Bild Gendarm Gert Holzer, dargestellt von Martin Leutgeb).

RAMSAU – EIN KLEINOD MIT PS

PS wie Pferdestärke. Denn Pferde spielen in Bergregionen seit jeher eine wichtige Rolle. In Ramsau, der pferdefreundlichsten Gemeinde Österreichs, sogar eine Hauptrolle.

Dass Ramsau zu einer Hochburg der Pferde geworden ist, hat mit der Vergangenheit zu tun. In Gebirgsregionen waren robuste Zugpferde nötig, um die Bauern bei ihrer schweren Arbeit auf dem Feld oder im Wald zu unterstützen. Die Pferde waren auch der Stolz des Hofs, schließlich bürgten sie für Ertrag und Wohlstand.

NORIKER, HAFLINGER UND FRIESEN

In Ramsau am Dachstein werden heute vorwiegend Noriker – und da speziell Blauschimmel und Mohrenköpfe –, aber auch Haflinger und Friesen gezüchtet. Wer im Geschichtsunterricht aufgepasst hat, weiß, dass die Noriker ein keltisches Volk waren, das sich im Alpenraum angesiedelt hatte, unter anderem auf dem Gebiet der heutigen Bundesländer Kärnten, Salzburg und Steiermark. Die gleichnamigen Kaltblüter zählen also zur ältesten Pferderasse Österreichs. Noch heute zeichnen sich Noriker durch Widerstandskraft, Ausdauer und ein gutmütiges Wesen aus. Optisch sind sie leicht zu erkennen: Die Fellfarbe des Blauschimmels weist eine große Menge weißer Stichelhaare auf. Mohrenköpfe haben einen schwarzen Kopf und ebensolches Langhaar. Umso erfreulicher ist es, dass diese Pferdeschönheiten heutzutage nicht mehr nur als reine Nutztiere gelten, sondern Menschen ihre anderen Vorzüge vor Augen führen können: beim Reitsport, bei Schlitten- und Kutschenfahrten und auch im Dienst von Brauchtum und Tradition.

Der schönste Anlass, bei dem die edlen Tiere in all ihrer Pracht zu sehen sind, ist das alljährlich am zweiten Juni-Wochenende stattfindende »Frühlingsfest der Pferde«. Organisiert wird es in dritter Generation von Christine Pitzer vom Ederhof. Für sie war dieses Fest, bei dem Pferde und Brauchtum gleichermaßen gefeiert werden, schon immer eine Familienangelegenheit. Schließlich hat ihr Großvater es vor 34 Jahren ins Leben gerufen, ihr Vater und ihr Patenonkel haben es fortgeführt und vor 15 Jahren an sie weitergegeben. Im Mittelpunkt steht ein Umzug mit liebevoll gestalteten Figuren auf üppig geschmückten, von Pferden gezogenen Wagen. »Es ist der einzige Umzug, den ich kenne, der unmotorisiert ist –

Blumengeschmückte Figuren, von prachtvollen Rössern (im Bild: Friesenpferde) gezogen, symbolisieren beim »Frühlingsfest der Pferde« den Zeitgeist. Und wer weiß, was die Uhr in Ramsau am Dachstein geschlagen hat?

kein Auto, Oldtimer, Traktor oder Mofa weit und breit«, darauf ist Christine Pitzer besonders stolz. Eine Augenweide sind die Blumenarrangements aus Margeriten, Klee und Schwarzbeerlaub; beim Binden helfen die Ramsauer eifrig mit. Von viel Fantasie zeugen auch die 15 geschmückten Figuren, die jeweils ein Thema aufgreifen – im Jahr der Fußball-Europameisterschaft war sogar ein Fußball mit von der Partie. Der Corso beginnt um 11 Uhr, dauert zweieinhalb Stunden und wird flankiert von Musikkapellen, Tanzdarbietungen und Trachtengruppen. Sogar Kleintiere wie Schafe, Ziegen und Alpakas laufen mit den Kindern mit. Danach wird mit viel Musik und Tanz, regionalen leiblichen Genüssen und guter Laune im großen Zelt weitergefeiert. Das Zelt kommt übrigens bereits am Vortag beim Fantag (s. S. 176) zum Einsatz, wenn unzählige bekennende Fans der »Bergretter« anreisen, um ihre Helden zu treffen und hochleben zu lassen.

DIE WICHTIGSTEN PERSONEN UND IHRE DARSTELLER

Wie jede gute Geschichte, lebt auch eine Fernsehserie von ihrer Besetzung, ihren Protagonisten und Antagonisten, kurzum ihren »Helden«. Die wichtigsten »Bergretter«-Charaktere und ihre Darsteller hier im Überblick.

MARKUS KOFLER, SEBASTIAN STRÖBEL

Im Leben von Markus Kofler steht die Bergrettung Ramsau stets an erster Stelle. Dabei bringt sich der Einsatzleiter bei Einsätzen oft selbst in Gefahr und stellt das Leben anderer stets vor das eigene. Waghalsige Rettungsaktionen und pure Emotionen sind somit vorprogrammiert, und man kann seinen Freunden nicht verübeln, dass sie ständig in Sorge um ihn sind. Auch in seinem Privatleben gibt es immer wieder Turbulenzen. Markus war lange mit Bergretter-Kollegin Katharina Strasser liiert. Die Beziehung scheiterte an ihrem sehnsüchtigen Kinderwunsch, sie trennte sich von ihm. Markus Kofler nähert sich daher der neuen Hauptkommissarin Alexandra an. Doch dann kehrt Katharina auf den Hof zurück, und die Dinge werden komplizierter, zumal auch noch Nina, Markus frühere Bergsteigerfreundin, unerwartet dort aufkreuzt. Seit ihrer Expedition im Himalaya sitzt sie im Rollstuhl.

KATHARINA STRASSER, LUISE BÄHR

Katharina Strasser ist als Rettungsärztin ein unverzichtbarer Teil der Mannschaft. Selbst in schier aussichtslosen Situationen will sie immer das Beste erreichen und alles zum Guten wenden. Der plötzliche Tod ihres Vaters, des Hoteliers und Bürgermeisters Peter Herbrechter, war ein schwerer Schock und Verlust für sie. Vor allem, weil sie sich endlich näher mit ihm verbunden fühlte und eine gute Beziehung zu ihm aufgebaut hatte. Nach der gescheiterten Beziehung mit Dr. Nick Aichstetter ist Katharina wieder auf den Hof Emilie zurückgekehrt und begegnet dort natürlich ständig ihrem Ex Markus. Die Gefühle für ihn kommen wieder hoch, Katharina versucht, ihm näherzukommen. Dass sich Markus inzwischen zu der neuen Hauptkommissarin Alexandra Winkler hingezogen fühlt, die auch noch einen kleinen Sohn hat, verletzt Katharina sehr. Schließlich hat sie sich doch selbst so sehr Kinder mit Markus gewünscht.

TOBIAS HERBRECHTER, MARKUS BRANDL

Nach seiner Rückkehr in das Team der Bergrettung Ramsau und der Entscheidung, wieder aktiv dabei zu sein, blüht Tobi förmlich auf. Der Sohn des Hoteliers und Bürgermeisters Peter Herbrechter sowie Stiefbruder von Katharina ist bei jedem Rettungseinsatz an Markus Koflers Seite präsent und unterstützt seinen langjährigen Freund mit vollem Engagement, so als wäre er nie fort gewesen. Die neu entfachte Liebe zwischen ihm und Emilie erfüllt ihn mit tiefer Zufriedenheit. Gemeinsam leben sie wieder auf dem Hof und verstehen sich besser denn je. Der plötzliche Tod seines Vaters Peter Herbrechter wirft Tobi allerdings aus der Bahn. Nach einem vorangegangenen Streit kommen bei ihm Schuldgefühle hoch und Selbstvorwürfe, seinen Vater im Stich gelassen zu haben. Auch mit Markus gerät er aufgrund von falschen Anschuldigungen in Konflikt, den sie aber wieder ausräumen können.

EMILIE HOFER, STEFANIE VON POSER

Eigentlich wollte Emilie den verschuldeten Hof, den sie einst mit ihrem verstorbenen Mann Stefan (dargestellt von Stefan Murr), erwarb, hinter sich lassen und verbrachte daher eine Auszeit in Zürich. Doch schnell trieb sie die Sehnsucht nach ihrer Heimat an den Dachstein zurück. Seit Markus Kofler den Hof übernommen und zu einer Pension für Alternativurlauber umgestaltet hat, ist Emilie deutlich entspannter. Die Mutter von drei Kindern verkörpert in der Serie Stärke und Tapferkeit. Die Nachricht, dass ihr Ex Tobi (sie waren seit Staffel 4 ein Paar) auch wieder auf dem Hof lebt, hat sie gefasst aufgenommen. Im Laufe der Zeit kommen sich beide erneut nahe und erleben sogar einen zweiten Frühling. Mittlerweile sind Emilie und Tobi wieder ein festes Paar und verliebt wie am ersten Tag. Emilie scheint das Glück gefunden zu haben und ist dankbar für die Harmonie, die nun wieder auf dem Hof herrscht.

MICHAEL DÖRFLER, ROBERT LOHR

Michi ist der erfahrene und umsichtige Hubschrauberpilot der Bergrettung und seit der ersten Staffel mit dabei. Seine Entscheidungen basieren stets auf einem fundierten Wissen darüber, was möglich ist und was nicht. Und so liegt es oft an ihm, das Team in seinem Eifer zu bremsen, denn Sicherheit hat größte Priorität. Auch privat erlebt Michi einige Wendungen. Die Beziehung zu seiner Frau, der Klinikärztin Dr. Verena Auerbach (gespielt von Gundula Niemeyer), konnte der großen Entfernung nicht standhalten. Verena war einem Jobangebot nach Sydney gefolgt. Nach anfänglicher Enttäuschung fand Michi Trost und Nähe bei der Tourismusbeauftragten Elisa Rödder, dargestellt von Sonja Kirchberger. Zwischen beiden funkte es, und kurzzeitig entwickelte sich eine Romanze. Auch wenn Michi auf der einen Seite manchmal hart und emotionslos wirkt, sorgt er auf der anderen mit seiner witzigen und ironischen Art immer für Schmunzeln.

RUDI DOLEZAL, MICHAEL PASCHER

Rudi ist seit Jahren ein unverzichtbarer Teil am Heliport, wo er sich um alles kümmern, was Pilot Michael nicht schafft. Er ist ein Mann für alle Fälle und löst alle technischen Probleme spielend. Sein Hauptarbeitsplatz ist jedoch in der Bergretter-Zentrale, wo er als Bindeglied zwischen Hauptquartier und den Bergrettern am Unglücksort fungiert. Mit wichtigen Hinweisen oder dem Lokalisieren eines Handys erleichtert er ihnen die Arbeit. Und wenn mal Not am Mann ist, riskiert auch er sein Leben und ist bei Einsätzen an vorderster Front dabei. Nach Jahren im Hotel Mama hat Rudi endlich den Schritt in die Selbstständigkeit gewagt. Vielleicht tut sich nun auch endlich was in Sachen Liebe, mit der er das ein oder andere Mal ja schon Bekanntschaft gemacht hat. Auch wenn Rudi die Ruhe seines eigenen Heims schätzt, gegen ein bisschen Zweisamkeit hätte er nichts einzuwenden.

FRANZ MARTHALER, HEINZ MARECEK

Franz Marthaler ist ehemaliges Mitglied der Bergrettung Ramsau. Mit Andreas Marthaler verlor er vor Jahren seinen Sohn bei einem Einsatz. Von Andreas hatte Markus Kofler die Leitung der Bergrettung Ramsau übernommen. Franz ist eine bemerkenswerte Persönlichkeit, die mit ihrer liebevollen Art und ihrem Enthusiasmus strahlt. Neben seinem WG-Leben mit Emilie, Markus und Tobias schätzt Franz besonders die langjährige Freundschaft zu seinem ehemaligen Kollegen und Lieblingsfeind Peter Herbrechter. Dessen überraschender Tod hinterlässt eine schmerzhafte Lücke in seinem Leben, die er nur schwer zu füllen vermag.

GERT HOLZER, MARTIN LEUTGEB

Nach dem tragischen Unfalltod seiner Vorgesetzten Jessika Pollath kämpft Polizist Gert Holzer damit, den schmerzhaften Verlust zu verkraften. Die Ankunft der neuen Hauptkommissarin Alexandra Winkler bringt jedoch frischen Wind in die Polizeistube und in Gerts Leben. Gert und seine neue Kollegin finden schnell zueinander und bilden ein gutes Team. Gert ist liebenswert, humorvoll und stets bemüht, seine Arbeit gewissenhaft und korrekt zu erledigen. Trotz seiner manchmal etwas tollpatschigen Art gibt er immer sein Bestes und geht jedem Fall mit vollem Einsatz und Engagement nach.

ALEXANDRA WINKLER, VIKTORIA NGOTSÉ

Um Familie und Beruf unter einen Hut zu bringen, hat sich die junge Hauptkommissarin Alexandra Winkler dazu entschieden, ihre Stelle in Graz aufzugeben und in ihre Heimat Ramsau am Dachstein zurückzukehren. Das war zwar nicht gerade ihr großer Traum, doch Alex erhält von allen eine faire Chance und erkennt schnell die Vorzüge einer Arbeit mitten im majestätischen Dachsteingebirge. Mit ihrer temperamentvollen und zielstrebigen Art sowie ihrem ausgeprägten Selbstbewusstsein erntete sie anfangs zwar kritische Blicke, doch schnell wurde auch ihre liebevolle Seite sichtbar. Vor allem Markus kann seine Begeisterung für die neue Hauptkommissarin, die Mutter eines kleinen Sohnes (Ben) ist, nicht verbergen.

Bischofsmütze
Hoher Dachstein
Filzmoos
Ramsau
BERGRETTUNG
Hamburg 1000km
Schladming
Kaunertal 350km

Stoderzinken
Grimming
ÖAMTC
Aigen
CHRISTOPHORUS 14
Gröbming
Weißenbach
Niederöblarn
Enns

DANK

SEBASTIAN STRÖBEL

Manchmal ergeben sich Chancen, die man ergreifen muss. Zehn Jahre »Bergretter« haben sich für mich zu einer unglaublichen Abenteuerreise entwickelt. Einer Berg-Ersteigung, wenn man so will. Ein weiterer Teil dieses Aufstiegs ist dieses Buch. Ich habe mittlerweile so viele tolle Menschen auf diesem Weg kennengelernt, dass es mir unmöglich ist, alle hier aufzuzählen. Wenn ich nun einen von all diesen namentlich erwähne, tue ich allen anderen Unrecht. Deshalb: Über allem steht das ganze Team vor und hinter der Kamera der »Bergretter«, angefangen von der Produktion ndF bis hin zu all den Menschen in der Ramsau. Danke an alle, die dieses Buch möglich gemacht haben, darunter der Gräfe und Unzer Verlag und seine Mitarbeiter. Danke an meine Familie, Freunde, Menschen an meiner Seite. Danke. Ohne Euch alle wäre ich keinen Meter den Berg hinaufgekommen.

HERIBERT EISL

Bergrettung ist Teamarbeit. Die Dreharbeiten auch. Daher gilt mein besonderer Dank dem gesamten Filmteam, dem Team der Bergrettung Ramsau, dem Team der Flugrettung, dem Münchner Verlags-/Redaktionsteam dieses Buches um Benjamin Happel und Susanne Kronester sowie der engagierten Autorin Kathrin Thoma, die die Geschichte der »Bergretter« so vortrefflich erzählt. Und zu guter Letzt danke ich natürlich dem wichtigsten Team in meinem Leben – meiner Familie.

DER VERLAG

Der Gräfe und Unzer Verlag dankt Thorsten Ritsch (ZDF) und Stefanie Stoppelbein (ZDF Studios) für ihr Engagement und die gute Zusammenarbeit sowie Jochen Zachay und Anja Konen-Praxl (ndF) für ihre wohlwollende Unterstützung. Ein weiterer Dank gebührt den Mitarbeitern des TVB Schladming-Dachstein, der Familie Eisl in Ramsau, der ambitionierten und liebenswürdigen Autorin Kathrin Thoma und last but not least Rosemarie Elsner für Lektorat und die großartige Unterstützung beim Projektmanagement sowie allen Mitarbeitern »hinter den Kulissen«, die durch ihren Einsatz wesentlich zum Gelingen dieses Buchs beigetragen haben.

DIE AUTOREN

HERIBERT EISL,
geboren in Ramsau am Dachstein. Staatlich geprüfter Berg- und Skiführer seit 1985. Von 1995 bis April 2024 war er Ortsstellenleiter der Bergrettung in Ramsau am Dachstein und ebenfalls bis April 2024 bei der Flugrettung. Seit 16 Jahren ist er Berater der TV-Serie »Die Bergretter« und nimmt damit eine wichtige Rolle bei der Planung und Sicherheit der Dreharbeiten vor Ort ein. Der vierfache Vater lebt in Ramsau.

SEBASTIAN STRÖBEL
wurde in Karlsruhe geboren und absolvierte seine Schauspielausbildung am Mozarteum in Salzburg. Sein TV-Debüt gab er in der Krimi-Reihe »Kommissar Rex«. Es folgten zahlreiche Rollen im TV wie »Herzstolpern« 2022 und im Kino, z. B. »Abseitsfalle« 2012 und »Unter Frauen« 2011. Seit 2014 spielt er in der ZDF-Serie »Die Bergretter« die Rolle des Markus Kofler. 2023 wurde in der Reihe »Terra X« seine zweiteilige Dokumentation »Meine Alpen« ausgestrahlt. Sebastian Ströbel lebt mit seiner Familie in Hamburg.

KATHRIN THOMA,
geboren in Kiel, hat die Ostseeküste gegen die bayerischen Berge getauscht. Sie lebt und arbeitet als Journalistin, Texterin und Autorin im Berchtesgadener Land. Zuletzt ist von Fotograf Klaus Fengler und ihr das Buch »Abenteuer Watzmann – Naturwunder, Mythos, Schicksalsberg« erschienen. Wenn nicht gerade ihre Finger über die Tastatur fliegen, ist Kathrin Thoma am liebsten draußen unterwegs, beim Bergsteigen, Skitourengehen oder Mountainbiken – Hauptsache in den Bergen.

REGISTER

Bildnachweis

Cover: Jens Koch; Hintergrund: Getty Images/Westend61

Getty Images: Nick Brundle: 8-9; Manfred Schmid: 183-2; **Nicole Giesa:** 4-3, 4-5, 22, 25, 27, 29, 79, 97, 120-122, 123, 125, 126, 127, 128, 129, 130, 131, 132, 180-1, 187-1, U4-2; **Huber Images:** 140-141; Günter Gräfenhain: 52; Frank Lukassek: 10-11, 74; Bernd Römmelt: 84, 85; **imageBROKER:** Uwe Kraft: 108, 115; Imago: Depositphotos: 78; Schreyer: 68; Zoonar: 119; **Stefan Klüter:** 187-2; **Martin Köppl:** 187-3; **Laif:** Iris Kürschner: 166; **Look:** Erber: 118; Norbert Maier: 2-3; Thomas Stankiewicz: 154-155; Strauss: 73; **Mauritius:** Günter Flegar: 67; Pavel Kasak: 173; Karl-Heinz Schein: 65; Annett Schmitz: 30; **picture alliance:** 163-4; Martin Huber: 49, 50, 64, 169, 174, 176, 177; imageBROKER: 46, 145; Erich Spiess: 45; **Plainpicture:** 72; **privat:** 4-2; Shutterstock: Andrei Bortnikau: 157; Jaromir Chalabala: 103; U. Eisenlohr: 6-7; Julia Färber Summer: 165; FooTToo: 112; jurgal: 117; Natureman30: 83; Tomas Klacek: 163-2; Stefan Rotter: 163-1; Svitlana Tkach: 163-3; **stock.adobe.com:** Andrei Bortnikau: 157; Christa Kramer: 134-135; Thomas Rosier: 190; **TVB Schladming-Dachstein:** 167; Peter Burgstaller: 146-147; Mathäus Gartner: 95, 137; Gerald Grünwald: 77, 81; Christine Höflehner: 76, 149; Martin Huber: 151, 152; Michael Simonlehner: 179; Hans-Peter Steiner: 139; **Westend61:** Stefan Schurr: 58; Wolfgang Weinhäupl: 51; **Wikipedia:** Heinz Holzmüller: 143; **ZDF:** Barbara Bauriedl: 4-4, 23, 32, 34, 35, 36, 39, 40, 42, 44, 48, 62-1, 71, 86, 90, 93, 98, 101, 181-1, 183-3; Nicole Giesa: 180-2, 182-1, 182-2; Stephanie Kulbach: 12-13, 16-17, 55, 62-2, 89, 102, 104, 107, 111, U4-1; Thomas R. Schumann: 4-1, 18-19, 20, 56, 59, 60, 110, 170, 181-2, 183-1, U4-3; Hardy Spitz: 14-15; Walter Wehner: 47, 105.

Icons: Shutterstock; ki36 Editorial Design

Der Doppelgipfel des Dachsteins aus der Vogelperspektive. Mit seinen 2995 Metern ist er nicht nur der höchste Gipfel der Bundesländer Steiermark und Oberösterreich, sondern auch ein Traumziel vieler Alpinisten.

IMPRESSUM

GU ist eine eingetragene Marke der GRÄFE UND UNZER VERLAG GmbH, www.gu.de

ISBN 978-3-8338-9475-6
3. Auflage 2024

Logo lizenziert durch ZDF Studios GmbH
© ZDF 2024

Text: Sebastian Ströbel, Heribert Eisl mit Kathrin Thoma
Idee und Konzept: Philip Laubach
Projektleitung und Redaktion: Susanne Kronester-Ritter
Projektmanagement und Lektorat: Rosemarie Elsner
Korrektorat: Ulla Thomsen
Bildredaktion: Petra Ender
Illustrierte Karte: Diana Köhne
Wanderkarten: Printmaps.net/OSM contributors – TVB Schladming-Dachstein
Umschlaggestaltung: ki36 Editorial Design, Bettina Stickel, München
Innenlayout: ki36 Editorial Design, Bettina Stickel
Herstellung: Renate Hutt
Satz: Nadine Thiel, kreativsatz
Repro: Medienprinzen GmbH, München
Druck: Firmengruppe APPL, aprinta druck, Wemding
Bindung: Conzella, Pfarrkirchen

Wichtiger Hinweis
Die Daten und Fakten für dieses Werk wurden mit äußerster Sorgfalt recherchiert und geprüft. Für eventuelle Fehler oder Auslassungen können Gräfe und Unzer und die Autoren keinerlei Verpflichtung und Haftung übernehmen.
Aus Gründen der besseren Lesbarkeit wird in diesem Buch bei Personenbezeichnungen das generische Maskulinum verwendet. Es gilt gleichermaßen für alle Geschlechter.

Ansprechpartner für den Anzeigenverkauf:
KV Kommunalverlag GmbH & Co. KG
MediaCenter München,
Tel. 089/928 09 60

Bei Interesse an maßgeschneiderten B2B-Produkten:
b2b-kontakt@graefe-und-unzer.de

Leserservice
GRÄFE UND UNZER Verlag
Grillparzerstraße 12, 81675 München
www.graefe-und-unzer.de

Umwelthinweis
Nachhaltigkeit ist uns sehr wichtig. Der Rohstoff Papier ist in der Buchproduktion hierfür von entscheidender Bedeutung. Daher ist dieses Buch auf PEFC-zertifiziertem Papier gedruckt. PEFC garantiert, dass ökologische, soziale und ökonomische Aspekte in der Verarbeitungskette unabhängig überwacht werden und lückenlos nachvollziehbar sind.

Textnachweis
Der Beitrag »Bergretter und Bergwetter« (S. 116–119) stammt von Dr. Stephanie Geiger. Sie ist in und mit den Bergen aufgewachsen. Auch ihre journalistische Arbeit dreht sich häufig um die Berge und die Menschen, die dort leben und unterwegs sind.

Alle Folgen der »Bergretter« sind in der ZDF Mediathek unter folgendem Link abrufbar: Die Bergretter - Action-Serie in toller Landschaft - ZDFmediathek

GRÄFE UND UNZER

Ein Unternehmen der
GANSKE VERLAGSGRUPPE